古典文獻研究輯刊

十五編

潘美月・杜潔祥 主編

第22冊

中國出土文獻研究
——上博楚簡與銀雀山漢簡

湯淺邦弘 著

國家圖書館出版品預行編目資料

中國出土文獻研究——上博楚簡與銀雀山漢簡／湯淺邦弘
著 — 初版 — 新北市：花木蘭文化出版社，2012〔民 101〕
序 2+ 目 2+158 面；19×26 公分
（古典文獻研究輯刊 十五編：第 22 冊）
ISBN：978-986-322-005-3（精裝）
1. 簡牘學　2. 研究考訂
011.08　　　　　　　　　　　　　　　　　　　101015070

ISBN-978-986-322-005-3

9 789863 220053

古典文獻研究輯刊
十五編　第二二冊　　　　　ISBN：978-986-322-005-3

中國出土文獻研究——上博楚簡與銀雀山漢簡

作　　者　湯淺邦弘
主　　編　潘美月　杜潔祥
總 編 輯　杜潔祥
企劃出版　北京大學文化資源研究中心
出　　版　花木蘭文化出版社
發 行 所　花木蘭文化出版社
發 行 人　高小娟
聯絡地址　新北市永和區中正路五九五號七樓
　　　　　電話：02-2923-1455／傳眞：02-2923-1452
網　　址　http://www.huamulan.tw 信箱 sut81518@gmail.com
印　　刷　普羅文化出版廣告事業
初　　版　2012 年 9 月
定　　價　十五編 26 冊（精裝）新台幣 42,000 元

中國出土文獻研究
——上博楚簡與銀雀山漢簡

湯淺邦弘　著

作者簡介

湯淺邦弘，1957 年生。現任日本大阪大學大學院文學研究科教授。著書有《論語》（東京：中央公論新社，2012 年）、《概說中國思想史》（京都：ミネルヴァ書房，2010 年）、《故事成語の誕生と変容》（東京：角川学芸出版，2012 年）、《菜根譚》（東京：中央公論新社，2010 年）、《諸子百家》（東京：中央公論新社，2009 年）、《孫子・三十六計》（東京：角川学芸出版，2008 年）、《戰國楚簡與秦簡之思想史研究》（萬卷樓，2006 年）以及其他多部著作。

提　要

　　本書，為湯淺邦弘著《戰國楚簡與秦簡之思想史研究》（2006 年 6 月，台灣，萬卷樓）的續篇論文集。前著刊行之後，在中國又陸續刊行了《上海博物館藏戰國楚竹書》的第五分冊至第八分冊，2010 年，在銀雀山漢墓竹簡發現多年之後，終於又刊行了《銀雀山漢墓竹簡〔貳〕》。在如此背景之下，本書將主要以上博楚簡與銀雀山漢墓竹簡為研究對象，來探討中國古代的儒家思想、兵學思想以及楚王的故事等內容。具體上，將上博楚簡〈三德〉、〈顏淵問於孔子〉、〈莊王既成〉、〈平王與王子木〉、〈平王問鄭壽〉、〈君子者何必安哉〉，以及銀雀山漢墓竹簡「論政論兵之類」諸篇分為十一章進行考察。第一部分為上博楚簡的研究，第二部分為上博楚簡楚王故事文獻的研究，第三部分為銀雀山漢墓竹簡的研究。另外，在附錄部分，還加入了日本的中國出土文獻研究現狀和課題等內容。通過以上各章的分析，對先秦時期的思想史，特別是儒家與兵家提出了一些新的觀點。另外，對於迄今只有在《國語》或《左傳》中有過記載的春秋時期的王者故事，將通過對新資料的分析，闡明其存在的意義。衷心期待本書能夠對中國古代思想史研究做出一些微小的貢獻。

序

　　本書，是作爲拙著《戰國楚簡與秦簡之思想史研究》（台灣，萬卷樓，2006年6月）續編的一本論文集。

　　前著中，圍繞中國新出土文獻中的郭店楚簡、上博楚簡、睡虎地秦墓竹簡，對中國古代思想史進行了重新探討。舉出的具體資料有，郭店楚簡〈魯穆公問子思〉、〈六德〉，上博楚簡〈從政〉、〈彭祖〉、〈昭王毀室〉、〈昭王與龔之脽〉，睡虎地秦墓竹簡各秦律、〈爲吏之道〉、〈語書〉等。通過這些資料，對從先秦至秦代儒家、道家、法家等諸思想進行了考察，闡明了迄今在傳世文獻中無法看到的諸思想的狀況。

　　其後，出土文獻研究呈現了更加活躍的趨勢。上博楚簡以《上海博物館藏戰國楚竹書》分冊的方式不斷進行了公開。前著只研究到第四分冊，但其後又陸續公開了其他分冊。其中，含有〈三德〉、〈季康子問於孔子〉、〈君子爲禮〉、〈弟子問〉、〈顏淵問於孔子〉等儒家系統文獻，以及〈莊王既成〉、〈平王與王子木〉、〈平王問鄭壽〉、〈君人者何必安哉〉等楚王故事，衷心期待這些新的文獻會進一步促進春秋戰國時期的思想以及歷史研究。

　　另外，1972年發現的銀雀山漢墓竹簡，自1985年刊行《銀雀山漢墓竹簡〔壹〕》後，續編的刊行一度停滯，但進入2010年後，突然又刊行了《銀雀山漢墓竹簡〔貳〕》。眾所周知，銀雀山漢墓竹簡是以《孫子兵法》及《孫臏兵法》最爲著名，但在〔貳〕中，還含有多數迄今不爲所知的古逸兵書。這些均綜合爲「論政論兵之類」，爲中國古代的軍事、政治思想研究提供了新的材料。

　　在本書中，將以這些最新狀況爲前提，以上博楚簡與銀雀山漢墓竹簡作爲主要的研究對象，對中國古代的儒家思想、兵學思想以及楚王故事等進行探討。

　　第一部分，舉出上博楚簡第五分冊所收的〈三德〉，第一章就其全體構造與基本性質進行確認，第二章就其最大的特色天人相關思想進行探討。在第三章中，對同收錄於第五分冊的〈季康子問於孔子〉、〈君子爲禮〉、〈弟子問〉

中的主題「君子」進行探討，一面分析傳世文獻中的用例，一面來考察對儒家來說究竟何為「君子」。

第四章，是對上博楚簡第八分冊收錄的〈顏淵問於孔子〉進行的分析。其主要內容為顏淵向孔子詢問「君子在從事國內政治時有怎樣的道」之事。內容的一部分，與《論語》有類似點，但竹簡混亂較多，讀解起來較為困難。因此在該章中，首先探討竹簡的重新排序問題，再舉出該文獻的釋文，確定整體的含義。然後，通過與傳世儒家系統文獻的對比，在明確該文獻思想特徵的同時，對先秦儒家系統文獻的形成過程提出筆者的觀點。以上主要是儒家系統資料的研究。

其次，從第二部分的第五章到第八章，是針對上博楚簡第六分冊以及第七分冊收錄的楚王故事的有關文獻，對春秋時期的楚王，具體上是對莊王（第五章）、平王（第六章、第七章）、昭王（第八章）等的故事進行分析。通過這些未見於《國語》以及《左傳》中的記錄，明確了春秋時期楚國對楚王故事的記錄以及保存情況。第二部分中，在明確這些新出的故事文獻內容的基礎上，指出了這些均有可能是為了教育太子的教誡之書。

最後的第三部分，是銀雀山漢墓竹簡的研究。在《銀雀山漢墓竹簡〔貳〕》中，含有綜合為「論政論兵之類」的五十篇古逸兵書。首先在第九章中為了掌握「論政論兵之類」的整體含義，對在篇題木牘中記有篇名的十二篇的體系以及思想特色進行分析。

第十章則是對「論政論兵之類」中〈起師〉一篇的研究。該篇從「起師」這個篇名即可知曉，主要是論述有關興軍的時節問題。通過對其內容的分析，並與《孫子》等傳世兵書進行對比，明確了其思想的特色以及意義。第十一章，是對同為「論政論兵之類」一篇的〈將義〉的研究。該篇是就將軍的資質進行論述的篇章。有關這個問題，在《孫子》計篇中已有「將者，智信仁勇嚴也」的句子，第十一章將通過與該點的對比，來明確本篇的特色。

通過以上十一章的分析，就先秦時期的思想史，特別是就儒家與兵家提出了一些新的觀點。另外，通過對新資料的分析，對迄今僅在《國語》或《左傳》中為人所知的春秋時期的王者故事，闡明了其存在的意義。

衷心期冀本書可以對中國古代思想史的研究貢獻一些微薄之力。

湯淺邦弘

目

次

第一部分

上博楚簡儒家系統文獻研究

第一章　上博楚簡〈三德〉的
　　　　全體構造與文獻性質

序　言

　　《上海博物館藏戰國楚竹書（五）》（上海古籍出版社，2005 年）所收的新出土文獻〈三德〉中含有極具特色的天人相關思想。筆者將以〈三德〉爲對象，對此進行分析。

　　但〈三德〉除竹簡存在斷裂外，未釋字、難讀字也較多。所以雖在網絡上已有多篇關於〈三德〉的箚記〔註1〕。但尚未見到確定其整體文脈，解明其思想史意義的論考。

　　因此，本稿作爲解明〈三德〉在思想史上的特徵及意義的基礎研究，首先試對其全體進行釋讀。

　　〈三德〉的書誌情況如下所示。原釋文的隸定者爲李零氏。竹簡共 22 枚，附簡 1 枚〔註2〕。完簡 5 枚，整簡 10 枚，殘簡 8 枚。完簡簡長 44.7 至 45.1cm。編線兩道，右契口。簡端平齊。總字數爲 898 字（合文 2，重文 9）。

〔註 1〕　參閱武漢大學簡帛研究中心「簡帛網」（http：//www.bsm.org.cn/index.php），以及「簡帛研究」（http：//www.jianbo.org/）。以下釋讀，爲就簡避繁，在介紹諸氏的觀點之際，僅揭示其姓名（敬稱略）。論文名稱以及網絡上的登載日期，則請參閱以上網站。

〔註 2〕　上博楚簡〈三德〉，全部由 22 枚竹簡構成。但香港中文大學中國文化研究所文物館所藏的 1 枚竹簡，被認爲實際也有可能是〈三德〉的一部分，本稿也將加入該簡進行考察。

　　竹簡的配置，已有數種異說。筆者對李零氏原釋文的，特別是後半部分的排序尚存有一些疑問。不過如後所述，其他的排序案也並沒有決定性的論據，所以暫且先在李零氏的釋文、排序的基礎上進行考察。在釋讀和接續有問題之處，則標有注記。

　　以下是〈三德〉的全體釋文。為方便起見，分為七段，分別加上原文、現代文翻譯和解說。另外，此處所說的原文，是在《上海博物館藏戰國楚竹書（五）》李零氏的原釋文基礎上，參考諸氏的觀點，最終由筆者確定的釋文。在解說中，如只標記為「釋文」時，是指李零氏的原釋文。在確定字句有問題之處，將在其下附加解說。

　　另外，01・02 等數字為原釋文的竹簡編號，「■」為墨釘，「＝」為重文或合文記號，【　】為對殘缺部分進行補充的部分，「？」為原釋文中「未釋」「待考」等，現在無法隸定之字，「／」為對斷裂的竹簡進行輟合的部分，「……」為竹簡斷裂或因難讀字，現階段無法譯出的部分。

第一節　〈三德〉釋讀

（1）

原文：

01 天供時■，地共材■，民共力■，明王無思■。是謂三德。卉木須時而後奮■，天惡如近■。平旦毋哭，晦毋歌，弦望齊宿，是謂順天之常■。02 敬者得之■，怠者失之■，是謂天常■，天神之【□。毋為□□】，皇天將愧之■，毋為偽詐，上帝將憎之■。忌而不忌，天乃降災■，已而不已，03 天乃降異■。其身不沒，至於孫＝（孫子）■。陽而幽■，是／謂大感■，幽而陽，是謂不祥。齊＝（齊齊）節＝（節節），外內有辨，男女有節，是謂天禮■。敬＝之＝（敬之敬之），天命孔明■。

文章大意：

　　天提供時，地提供材，民提供力，則賢明的王就不會左右煩惱。稱為「三德」。花草之所以等待適當的時機，才生長、開花，是因為上天憎惡無視時間推移的急迫行為。白晝不哭泣，夜間不歌唱，半月和滿月之日，則齋戒至天明。稱為「順天之常」。謹慎者會得到，而怠慢者會

失去。稱爲「天常」。不得……天神。皇天將會戒告之。不得進行欺詐。
上帝將會憎惡之。應當禁忌而沒有禁忌，則天將降下災害，應當禁止
而沒有禁止，天將降下異變。如此，則不能保全天壽，其報應也會波
及子孫。應當明時暗，稱爲「大感（大的憂慮）」，相反，應當暗時明，
稱爲「不祥」。整頓自身，內外有別，男女之間有所節度。稱爲「天禮」。
謹慎再謹慎，天命就非常明確了。

再附加若干語注。開頭部分的「供」，竹簡的文字可隸定爲「共」，但釋文將
「共」釋讀爲「供」。另外，關於「天」和「時」、「地」和「材」的關係，17
簡作「知天足以順時，知地以固材，知人足以會親」。

　　有關「明王無思」，曹峰認爲，此「無思」當解爲「無爲」之意，是在說
統治的無爲等，本書與馬王堆漢墓帛書《黃帝四經》類似。然而，統治者不
施行特別的作爲世界也能治理，這在儒家文獻中，如「子曰，無爲而治者其
舜也與，夫何爲哉，恭己正南而而已矣」（《論語》衛靈公篇）一樣也被述說
爲一種理想。而且，原本作爲《黃帝四經》最大特徵的週期性天道觀並未見
於本書之中，簡單地將兩者進行聯繫是有問題的。關於〈三德〉和《黃帝四
經》的關係，將另稿詳述。

　　「三德」之語，如釋文中所指，見於《大戴禮記》四代篇魯哀公與孔子
的問答。但本書與《大戴禮記》的「三德」是否爲同義還有待愼重探討。有
關此點，也將在另稿中進行考察。

　　「天惡如近」的「近」字，釋文中隸定爲「忻」，卻是難解之處。將「忻」
釋讀爲「近（迫）」的例子，見於郭店楚簡〈性自命出〉41簡的「義道爲忻（近）
忠」。在此，解爲草木不待天時的到來而急欲發芽、生長，而爲天所憎惡之意。

　　「平旦」爲寅刻。五至六時。黎明。《孟子》告子上中有「其日夜之所息，
平旦之氣，其好惡與人相近也者幾希」。於「平旦」進行「哭」的行爲，屬在
「陽」時進行「幽」的行爲，是應該忌諱的事情。

　　「晦毋歌」的「晦」字，釋文隸定爲「明」，並解爲「天亮」之意，爲夜
半之後，日出之前的時間帶，但範常喜指出，其與楚簡其他的「明」字的字
形相異，當爲「暝」之異體字，爲「昏暗」、「陰沈」之意，與《抱樸子》內
篇‧微旨中「晦歌朔哭」相同，爲不吉之事。晏昌貴也作「晦」，並指出，睡
簡〈日書〉甲種155簡背面爲「墨（晦）日，利壞垣，徹室，出寄者，毋歌。
朔日，利入室，毋哭。望，利爲困倉」，《顏子家訓》風操中有「道書又曰，
晦歌朔哭，皆當有罪。天奪之算，喪家朔望，哀感彌深，甯當惜壽，又不哭

也」。於「晦」時進行「歌」的行爲，屬於在「幽」時進行「陽」的行爲，是應該忌諱的事情。

關於「天之常」以及「天常」，有一點應當留意。在《呂氏春秋》的大樂篇中爲「音樂之所由來者遠矣，生於度量，本於太一。太一出兩儀，兩儀出陰陽。陰陽變化，一上一下，合而成章。渾渾沌沌，離則復合，合則復離，是謂天常」，古樂篇中爲「昔葛天氏之樂，三人操牛尾投足以歌八闋。一曰載民，二曰玄鳥，三曰遂草木，四曰奮五穀，五曰敬天常」，可見音樂與「天常」之間所具有的關聯。關於「樂」，在〈三德〉07 簡有「喜樂無期度，是謂大荒」，11 簡有「入虛毋樂，登 12 丘毋歌」，16 簡後述爲「喪怠係樂，四方來囂」，可以看出在與「天」的關係上，「樂」是被極爲重視的一個要素。另外陳劍認爲，在此第 2 簡之後應接續第 4〜5 簡，爲「是謂順天之常。04 如反之，必遇凶殃」。如果可以統一解釋在「如反之」之前全部爲善，之後全部爲惡的話尚可以說通，但在 4 簡以後對善惡雙方均有記載，所以未必就僅限於如此接續。此外，侯乃鋒則認爲，2 簡位於 1 簡＋4〜5 簡的接續之前，其理由是，2 簡爲「是謂天常」，1 簡爲「順天之常」，因爲從「古書行文語氣」上，首先說「天常」，其後才會敷衍爲「天之常」。然而，也有先說「天之常」，其後略稱之爲「天常」等完全相反的可能性，僅據此點還是無法確定。而且，原本 2 簡的「天常」的意思，是天給予人類的應當遵守的規則。而 1 簡的「天之常」，則是天的常道，兩者的意思內容不同。

皇天、上帝「降災」的用例，見於《書經》商書·伊訓中「惟元祀，十有二月，乙丑，伊尹祠于先王，奉嗣王祗見厥祖……於其子孫弗率，皇天降災」，《左傳》僖公十五年中「上天降災」等。有關〈三德〉與《詩經》、《書經》的相似性問題，將改另稿詳述。

「已而不已，天乃降異」的「已」字，晏昌貴讀「祀」，解作「祀」之意。即本句爲「當祀而未祀，如此則天降之異」之意。但在此也可能包含有以下文意，即降「災」後惡事還未「已」，則會降「異」。如此，即便不似春秋公羊學般明確，也是在論述類似於公羊學性質的災異思想。有關此點，也將另稿詳述。

「其身不沒，至於孫＝（孫子）」的「其身不沒」，指未保全天壽之意。

「陽而幽」之陽和幽的對比，《禮記》郊特牲中爲「昏禮不用樂，幽陰之義也。樂，陽氣也」。基本上可理解爲「陽」、「陰」之意，但是否論說了明確的「陰陽」思想還是疑問。

「是謂大感」的「感」字，釋文解作「憂」之意。

（2）

原文：

04 如反之，必遇凶殃■。毋詬政卿於神次■。毋享逸安■求利■。殘其親■，是謂罪■，君無主臣，是謂危■。邦家其壞■。憂懼之間■，疏達之次■，毋謂之 05 不敢■，毋謂之不然。故常不利■，邦失憲常，小／邦則劃，大邦過傷■。變常易禮，土地乃坼，民乃嚚死■。善＝才＝（善哉善哉）三善哉，唯福之基■，過而改 06 新■。麤＝（興興）民事■，行往視來■。民之所喜■，上帝／是祐■。凡托官於人，是謂邦固■，托人於官，是謂邦窳■，建五官弗措，是謂反逆■。土地乃坼■，民人乃 07 喪■。喜樂無期度，是謂大荒■，皇天弗諒，必復之以憂喪■。凡食飲無量計■，是謂淫荒，上帝弗諒■，必／復之以荒■。上帝弗諒■，以祀不享■。

文章大意：

如反之（天人良好的關係），必將遇到大的凶災。在祭祀中不得辱沒政治上處於重要地位者。不得享受逸樂的境地追求利益。殘害自己的父母，稱爲罪，沒有君主可以依賴的臣下，稱爲危。如此國家就會崩壞。……不得說不是這樣。如古來的常道不利、失去國家的法度，小國就會被削弱，大國則會遭受巨大的損害。如果改變常道改變禮，土地就會被分割人民就會發出嗟怨之聲死去。好了好了，太好了。只是幸福的基礎，如有過失就會革新。爲政者去當地視察，振興人民的事業，人民歡喜，上帝也會進行佑護。凡將官職託付給合適的人選，稱爲「邦固（國家鞏固）」，把官職託付給特定的人，稱爲「邦窳（國家歪傾）」。立有重要的五個官職，而不採取適當的措施。稱爲（對天的）反逆。土地就會被分割，人民就會因此滅亡。歡喜快樂沒有限度，稱爲「大荒」，皇天不會認可如此狀況，必定會以憂愁與喪失的現象進行報復。凡飲食沒有限度，則稱爲「淫荒」，上帝將不會認可如此狀況，必定以饑饉現象對其進行報復。導致如此事態，上帝不會認可，即使急忙祭祀，也不會接納。

在本節中有一處難解的部分。即讀作「疏達之次」的部分，雖從陳偉之說但意思未詳。釋文也爲「待考」。

關於「變常易禮」，曹峰指出「變×易×」的句型見於《黃帝四經》，有

「變故亂常，擅制更爽。心欲是行，身危有〔殃、是〕謂過極失當」(《經法》國次)，「天有恆幹，地有恆常」(《十六經》果童以及行守)，「過極失當，變故易常。德則無有，措刑不當。居則無法，動作爽名。是以受其刑」(《十六經》姓爭)等。但不一定就是〈三德〉與《黃帝四經》中特有的句法。例如，其他還有《管子》形勢篇中「天不變其常，地不易其則」，七法篇中「變俗易教」等。無論如何，雖在〈三德〉中強調如此強烈的保守立場，但在法家系統的文獻中卻相反，否定了這樣的保守立場。例如，《韓非子》南面篇中有「不知治者，必曰，無變古，毋易常」，《商君書》更法篇中有「臣故曰：「治世不一道，便國不必法古」。湯武之王也，不循古而興。殷夏之滅也，不易禮而亡」。

有關竹簡的接續，「過而改 06 新」部分，在《周易》益卦中有「君子以見善則遷，有過則改」。《史記》扁鵲倉公列傳‧太倉公中可見「妾切痛死者不可復生而刑者不可復續，雖欲改過自新，其道莫由，終不可得」等類似句，陳劍假設 22 簡＋6～7 簡的接續，讀作「22 四荒之內，是帝之□。臨民以仁，民莫弗 06 新。興興民事，行往視來。民之所喜，上帝／是有（祐）」。曹峰也支持 22 簡＋6 簡的接續，但此處補充「之」讀作「過而改之」則沒有根據。

「凡托官於人，是謂邦固，托人於官，是謂邦窾」中，圍繞「固」與「窾」的意思有兩種對立的看法。李零釋文中認為，「固」取好的狀態，「窾」則取惡的狀態，前句與後句的意思對立，但陳偉正好相反，取「固」為「鄙陋」、「廢」、「病」等惡的意思，取「莒」（釋文隸定為窾的字）為「臀（背骨）」等好的意思。不過，侯乃鋒也說「固」為好，「覆」（釋文隸定為窾的字）為惡的意思。在此，採用釋文與侯乃鋒的意見。

有關「民人乃 07 喪」的接續，陳劍假設 06＋17 的接續，讀作「民人乃 17 落。敬天之敵，興地之矩」，在此，以 06＋07 的接續為佳進行解釋。

「喜樂無期度」的「期度」，釋文讀作「限度」，但孟蓬生認為「限度」非古語而讀作「期度」，為「終極」、「窮盡」之意。何有祖讀作「謹度」，王蘭也支持該說，並指出《潛夫論》斷訟篇中有「敕民慎行，德義無違，制節謹度」，《孝經》諸侯章中有「在上不驕，高而不危，制節謹度，滿而不溢」。在此，從孟蓬生說。

關於「滔皇」，釋文讀作「饕皇」，但楊澤生讀「淫荒」，並指出如《史記》殷本紀中有「當是時，夏桀為虐政淫荒」，《漢書》揚雄傳下有「又恐後世迷於一時之事，常以此取國家之大務，淫荒田獵，陵夷而不禦也」，《漢書》諸

侯王表中有「然諸侯原本以大，末流濫以致溢，小者淫荒越法，大者睽孤橫逆，以害身喪國」。曹峰則認爲，古人將貪婪飲食者稱爲「饕餮」，以「饕皇」爲佳，還指出《史記》五帝本紀有「縉雲氏有不才子，貪于飲食，冒於貨賄，天下謂之饕餮」。此處從楊澤生說。

（3）

原文：

　08 邦四益，是謂方華，雖盈必虛■。宮室過度■，皇天之所惡■，雖成弗居■。衣服過制，佚於美，是謂違章■，上帝弗／諒。鬼神禮祀，上帝乃怡，邦家 09……保，乃無凶災■。高陽曰：「毋凶服以享祀■，毋錦衣絞祖■」。？子是謂忘神……

文章大意：

> 國家充滿利益，稱爲「方華」，雖然現在充盈但將來必定會空虛。宮室過度奢華，必會爲上帝所怒，所以即使建成，也無法在此久居。衣服過度陷於華美，稱爲「違章」，上帝也不會認（了承）可吧。祭祀鬼神爲上帝所歡喜，國家……得以保全，不會發生大的災禍。高陽說：「不可以穿喪服來祭祀，不可以著錦衣來舉行葬禮」。……稱爲「忘神」。

開頭的「方華」，釋文讀「方芉」，範常喜讀「方盂」，不過均爲文意未詳。在此，從何有祖、曹峰。

　　關於「宮室過度」，在馬王堆漢墓帛書〈稱〉中，可見「宮室過〔下〕度，上帝所惡，爲者弗居，雖居必路」等類似句。

　　在本節，「鬼神」、「上帝」被並列記錄在一起，這樣的例子，在《墨子》天志上篇中有「故昔三代聖王禹湯文武，欲以天之爲政於天子，明說天下之百姓，故莫不犓牛羊，豢犬彘，潔爲粢盛酒醴，以祭祀上帝鬼神，而求祈福於天」。作爲「天命鬼神」的用例，在《春秋繁露》祭義篇中有「見不見之見者，然後知天命鬼神，知天命鬼神，然後明祭之意，明祭之意，乃知重祭事，孔子曰，吾不與祭，如不祭。祭神如神在」。

　　「禮」爲祭祀。即潔身齋戒進行祭祀。在《左傳》隱公十一年中有「吾子孫其覆亡之不暇，而況能禋祀許乎」。作爲祭祀天神的禮，在《周禮》春官，大宗伯中有「以禋祀祀昊天上帝，以實柴祀日月星辰」。

　　「高陽」為〈三德〉中唯一登場的固有名詞。也即顓頊。傳說為五帝之一的黃帝之孫，十歲時輔佐少昊，二十歲即帝位。因在高陽建國，所以號高陽氏。首都建在帝丘（今河北省濮陽縣）。在位七十八年。《史記》五帝本紀‧黃帝中有「黃帝崩，葬橋山。其孫昌意之子高陽立，是為帝顓頊也」，帝顓頊中有「帝顓頊高陽者，黃帝之孫而昌意之子也。靜淵以有謀，疏通而知事。養材以任地，載時以象天，依鬼神以制義，治氣以教化，絜誠以祭祀。北至於幽陵，南至於交阯，西至於流沙，東至於蟠木。動靜之物，大小之神，日月所照，莫不砥屬」，顓頊的事績與本書主旨的類似性可見一斑。也即，對應本文獻以天人相關為基調的主旨，可以說只有如此顓頊形象才是最為相符的帝王形象。

　　關於「毋凶服以享祀，毋錦衣絞袒」，釋文指出《禮記》玉藻篇有「君衣狐白裘，錦衣以裼之」。《禮記》內則篇中也有「不有敬事，不敢袒裼」。「裼」為脫去上衣。陳偉將此句讀為「毋凶服以享祀，毋錦衣絞袒」，說「凶服」即喪服，「享祀」即祭祀，「絞」、「袒」均為凶服的特徵。「絞」為束緊腰繩，「袒」為袒免。袒左肩脫冠束髮。為非近親者的喪禮。

　　總之，此高陽（顓頊）之言並非單指喪服，從隨後解說為「？子是謂忘神」可以推測，是在說祭祀也即「順天」、「敬天」的重要性。高陽之言，與整體上的論調具有一貫性。

　　「？子是謂忘神」為未詳部分。王貴元讀開頭之字為「傒」，認為「傒子」（奚子），是指傳說中最初造車的「奚仲」，並指出《左傳》定西元年中有「薛之皇祖奚仲居薛，以為夏車正」，高陽為夏之古帝，因奚仲為夏之車正，所以二人連續登場是妥當的。曹峰句讀為，「毋錦衣絞袒？子，是謂忘神」，說至此為高陽之言。以上均為一說，尚無法確證。

（4）

原文：

　　10 皇后曰立。毋為角言■，毋為人倡■，毋作大事■，毋刈常■，毋壅川■，毋斷洿■，毋滅宗■，毋虛牀■，毋／□敧■，毋變事■，毋煩姑嫂，毋 11 恥父兄■，毋羞貧■，毋笑刑■，毋揣深■，毋度山■，毋逸其身，而多其言■。居毋惰■，作毋荒■。善勿／滅■，不祥勿為■。入墟毋樂■，登 12 丘毋歌，所以為天禮■。臨川之都■，憑岸之邑■，百乘之家■，十室之聚

■，宮室汙池■，各慎其度■，毋失其道■。紬欲殺人，不飲■不食■。秉之不固■，

文章大意：

皇后曰立。不得用激烈的言語爭執。不得在人前高聲喧嘩。不得輕率行大事。不得有違反常道的行為，不得阻塞河流。不得斷絕水流聚集之處。不得滅絕宗族。不得使床空虛。不得說敵。不得變更既定的事業。不得麻煩姑嫂。不得侮辱父兄。不得辱沒貧者。不得哂笑受刑者。不得測量河的深度。不得測量山的高度。自身享受逸樂不得多說。居家不得懶惰，做工作不得粗雜，不得使善的事情消亡。不得做不詳之事。之所以不入廢墟演奏音樂，不登山丘歌唱，是為了順從天禮。鄰近河川的大都，鄰近河岸的城邑，百乘之家，十室左右的集落，宮室汙池，各自如此謹慎，則不會失去其道。排除殺人的慾念……。

本節中，連續使用「毋～～」的句法，嚴禁違反天的現狀。抬頭的「皇后曰立」意意未詳。曹峰認為「皇后」是指黃帝，「立」是黃帝之言，雖說為「立身處事」之意但缺乏根據。

關於「角言」，釋文推測為「爭訟」之意。為廣義上的言語爭執之意。另外下面連續有 24 個「毋～～」句型，可以認為在意思上大致為兩句一對。

「人倡」的「倡」，為唱，或者歌女（為人唱歌者。廣義上指樂師或俳優）。釋文為「先人而發」，可知為在人前高聲喧嘩之意。很有可能與前句為對句。

關於「大事」，釋文為祭祀或兵戎等重大的事情。如與下句的「毋刈常」為對句，則有違反常道等大事之意，「毋作大事」是切勿輕率進行此種行為之意。

「毋刈常」的「刈」字，釋文為未定字作「察?」，但李天虹讀「刈」，認為是害、斷之意。晏昌貴也同樣，解為「撲」或「剪」之意。季旭昇讀「害」。筆者也同以上諸氏。

關於「毋滅宗，毋虛牀」，有數種異說，筆者則重視《左傳》定公四年中「乘人之約，非仁也。滅宗廢祀，非孝也」，《墨子》明鬼下篇中的「且禽艾之道之日，得璣無小，滅宗無大。則此言鬼神之所賞，無小必賞之，鬼神之所罰，無大必罰之」，還有《國語》楚語下・葉公子高論白公勝必亂楚國中「夫誰無疾眚。能者早除之。舊怨滅宗，國之疾眚也」等，兩句均可理解為不可

斷絕家系之意。後半的「毋虛牀」的「牀」爲床，即寢台之意，「虛牀」可推測爲不努力生育子女。

「敇」在《說文解字》中爲「敇，禁也」，晏昌貴指出，在包山楚簡記載爲鄉，裏之意，但之前的文字有脫落，文意未詳。

「毋煩姑嫂」在釋文中爲「毋焚古？」，文意未詳。考慮到與下句「毋恥父兄」的對應，劉國勝讀作「毋煩姑嫂」。此處從劉氏之說。

「毋揣深，毋度山」之「揣」爲測。「揣深」「度山」，作爲冒瀆山川之神的行爲而被否定。

「入墟毋樂」的「墟」字，釋文隸定爲「虛」，晏昌則貴讀「墟」（山頂中央部窪陷的大山丘之意），認爲與以下的「丘」相對應。曹峰認爲，「墟」「丘」均爲由戰爭或自然災害造成的廢墟之意。筆者認爲，「墟」乃是廢墟，「丘」乃是文字所示的山丘。無論是在廢墟演奏音樂還是在山丘上唱歌，均以失天禮的意識爲前提。

「臨川之都」的「臨」字，釋文的隸定字爲「監」，乃「臨」字之誤寫，所謂「臨川之都」，是指臨近河川的大都之意。

「十室之聚」的「聚」爲釋文未釋字。釋文中指出，《管子》中有十家爲「遊」（立政篇）或「連」（乘馬篇）的用例。何有祖讀「佫」，蘇建洲讀「聚（州）」，曹峰讀「造」。此處從蘇建洲氏之說。

（5）

原文：

13？為首■。身且有病■，惡菜與食■。邦且亡■，惡聖人之謀■。室且棄■，不墮遂祭祀■，唯？是服■。凡若是者，不有大禍必大恥■。天之所敗節其賕■，而 14 寡其憂■。興而起之■，思道？而勿救■。方營勿伐■，將興勿殺■，將齊勿刲■。是逢凶孽■，天災繩＝（繩繩），弗滅不隕■。為／善福乃來■，為不善禍乃有之■。埤 15 聽其營，百事不遂，慮事不成■。仰天事君，嚴恪必信■，俯視【百／姓】，務農■敬戒■。毋不能而為之■，毋能而易之■。驟奪民時■，天飢必來。16 奪民時以土功，是謂稽■，不絕憂恤■，必喪其匹。奪民時以水事，是謂順，喪以係樂■，四方來囂■。奪民時以兵事■，是【謂厲】

文章大意：

？爲首。身體將要生病之際，作爲前兆會厭惡飲食。國家將要滅亡之際，作爲前兆，爲政者會不聽從聖人之言。家即將被上天抛棄之時，作爲前兆，祭祀將會不周全。……。大凡此類狀況，非有大的災禍就定會遭受大的恥辱。……。要振興起來，思正道，不得躊躇。現在正是運營之時，不應該挫其銳氣。現在正是勃興之際，不應該殺其氣勢。現在正是整頓之時，不應該對其進行分裂。如此行爲，將逢不吉之災，天災也將不斷降臨。行善則福將至。行不善則起災禍。……。

聽其行爲而百事不遂。慮事而不成就。仰天君而仕，嚴於慎己，則必將會得到天的信任。廣泛注視百姓，使其能專心務農而無不端行爲。不得強迫無能力的，不得更換有能力的。常常奪取民時，則天的饑饉必會降臨。以土木工事奪取民時，稱爲「稽」，爲政者不去除民的憂恤，則必將失去民眾。以治水工事奪取民時。稱爲「順」，如失去民眾仍舊繼續逸樂，四方之民將會前來抗議。以軍事奪取民時。稱爲「厲」……。

有關「不遂祭祀」，釋文中釋讀爲「不墮祭祀」，但在文脈上，「墮」則意思不通。筆者以字形相似取「遂」字。晏昌貴也認爲，應加入隆、崇、歆等字。工蘭讀「不隨祭祀」。

有關「天之所敗節其賕」，釋文作「天之所敗多其喜」。李大虹讀「大之所敗，多其賕（賄賂）」，禤健聰認爲不能隸定爲「多」而作「天之所敗，節其賕」，均文意未詳。

而「方營勿伐」，釋文中釋作「方縈勿伐」，「縈」字爲營之借字。曹峰認爲其前後三句的「縈」、「興」、「育（釋文隸定作齊字）」均爲表示植物的成長過程之語。

「是逢凶孽」第四字，釋文認爲似「朔」，但李天虹讀「孽」。孽爲非正室所生之子。災禍之意。《左傳》昭公十年有「蘊利生孽，姑使無蘊乎」。此處從李氏之說。

「爲不善禍乃有之」的「有」字，釋文隸定爲「或」讀作「惑」。筆者隸定爲「或」解作「有」之意。晏昌貴則沿用「或」而解作「又」之意。

本節中的接續問題，主要是 4 簡和 5 簡的關係問題。在釋文中，接續爲「埤15聖（聽）其營」，但在意思連續上未詳。陳劍作 13～14＋19 的接續方式，讀作「俾勿增，廢人勿興。皇天之所棄，而後帝之所憎」。

「慮事不成」，釋文中釋爲「且事不成」，但陳劍從與上句的對應，讀「慮事不成」。此處，從陳劍氏。

在與整體文意的關係上有一個問題，就是「仰天事君」。「君」如取君主之意，則此處僅爲從臣下的角度論說「事君」，與全體的論調不符。〈三德〉的基調，是對爲政者（王、君）論說「順天」、「敬天」的重要性一點。在此，很有可能是「天君」的互文。也有「仰天而以君事之」之意的可能性。

「俯視【百／姓】」，爲竹簡的斷裂部分，釋文補「百姓」二字，曹峰則補「地理」。如重視與後續「民」的關係，則「百姓」的可能性更高。

「驟奪民時，天飢必來」以下的部分，乃是與《呂氏春秋》上農篇中「時事不共，是謂大凶。奪之以土功，是謂稽，不絕憂唯，必喪其秕。奪之以水事，是謂籥，喪以繼樂，四鄰來虛。奪之以兵事，是謂厲，禍因胥歲，不舉銍艾。數奪民時，大饑乃來。野有寢耒，或談或歌，且則有昏，喪粟甚多。皆知其末，莫知其本，眞」的類似句。範常喜認爲《呂氏春秋》中作「數奪民時，大饑乃來」，所以此處的「天飢」爲「大飢」的誤寫。但如果此處是在強調「奪民時」會受天罰之意，則「天」更佳。

「不絕憂恤，必喪其匹」，範常喜讀「不繼憂恤，必喪其匹」，說「匹」非釋文所說的「配偶」之意，而是匹夫、百姓之意。但《呂氏春秋》上農篇中「不絕憂唯」作「絕」。此處並非「如爲政者不繼續對民『憂恤』的話」之意，而應該爲「如爲政者不排除民之『憂恤』的話」之意。

「是謂順」的「順」，暫從釋文的釋讀，但此處從文意上判斷應爲某種不善之意。《呂氏春秋》上農篇中作「奪之以水事，是謂籥」。「籥」爲三孔之笛。習字用的書寫版（石板、黑板）。《說文解字》中爲「籥，書僮竹笘也」，該段玉裁注中爲「籥亦謂之觚。蓋以白墡染之，可拭去再書者」。俞越認爲作「籥」則意思不通而讀「淪」，並指出《莊子》知北遊篇的釋文中作「牒，漬也」。另外，陳斯鵬讀「潮」，解爲「淖」（溺於污泥之中）之意。乃一說。總之，「順」則意思不通。

有關「喪怠係樂，四方來嚻」，《呂氏春秋》上農篇的該部分作「喪以繼樂，四鄰來虐」（高誘注「繼，續也」）。「喪以繼樂」，是雖失去（民眾），（君主）依然繼續作樂（沉湎於音樂之中）之意。

「奪民時以兵事，是【謂厲】」的缺字補充，是根據《呂氏春秋》上農篇中「奪之以兵事，是謂厲」的推斷。

（6）

原文：

> 17 苔■。敬天之圖，興地之矩■，恒道必皇。天哉／人哉，憑何親哉■，沒其身哉■。知天足以順時■，知地足以固材■，知人足以會親■。不修其成■，而 18 死於刃下■。豺貌食虎■，天無不從■。好昌天從之■，好旺天從之■，好祓天從之■，好長天從之■。順天之時，起地之【紀】……。

文章大意：

> 苔。謹慎天的禁忌，發揮地的法則，常道必然會明瞭。天啊人啊。……。可全壽命。知天，就可以順時，知地，就可以把握資源，知人，就可以聚集親近的人。如果不修其成就會死於刃下。……。好「昌」，天就會從之，好「旺（旺盛）」，天就會從之，好「祓」，天就會從之，好「長」，天就會從之。順天之時，起地之紀，……。

李零氏的原釋文，從此處開始接續關係未詳。曹峰則認爲 8 簡＋17 簡，讀作「邦家〔不？〕苔（路？露？）」，然須補入「不」字之處尚是難點。

「敬天之圖」之「圖」字，釋文未詳。作爲類似用例，《書經》周書‧洛誥中有「敬天之休」，《詩經》大雅‧生民之什‧板中有「敬天之怒，無敢戲豫，敬天之渝，無敢馳驅」等例子。正是顯示了〈三德〉與《詩經》、《書經》之間較強的類似性的部分。陳偉讀「圉」，「圖」，解作「禁」之意。此處從陳偉氏，讀「圉」。

「知天足以順時」以下，天、地、人作爲並列關係排在一起，與開頭的第 1 簡呼應。天、地、人的排列，例如，《管子》內業篇有「天主正，地主平，人主安靜。春秋冬夏，天之時也，山陵川穀，地之枝也，喜怒取予，人之謀也，是故聖人與時變而不化，從物而不移。能正能靜，然後能定」。

「知地足以固材」之「知地」，《周禮》地官司徒‧土訓爲「以詔辟忌，以知地俗」。「固」字，釋文隸定爲「古」釋讀爲「固」，秦曉華讀「由（育）」，指出《詩經》小雅‧南有嘉魚之什‧菁菁者莪中有「菁菁者莪，樂育材也，君子能長育人材，則天下喜樂之矣」，皆爲「培養人材」之意。的確，如沿《周禮》、《詩經》用例解釋，則可取地方人材的意思，但此處爲並列「知天」、「知地」、「知人」的部分，所以「知地」不如說是把握大地的資源而變得更爲堅固之意。

　　17、18 簡的接續，釋文假設了其大體上的連接，但陳劍認爲此 17 簡後應接續 15～16 簡，讀「不修其成，而 15 聽其營，百事不遂，慮事不成」。如先前所述，14，15 簡的接續本有問題。17＋15 簡才爲妥當之說。

　　另外，陳劍認爲，21 簡與此 18 簡接續，讀「諒，竿之長。枸株覆車，善遊者 18 死於梁下，豾貌食虎」，是說怠於注意輕微的事情而導致大的禍敗之意。值得傾聽。

　　「豾貌食虎，天無不從」，釋文將「豾貌」作「狻猊」（獅子）的別名，說因「食虎」爲祥瑞所以「天無不從」。

　　「好昌天從之」以下四句之內，第二句的「旺」字，李天虹認爲當隸定爲「賫」，禤健聰讀「喪」。第三句的「祓」字，陳劍讀「犮」，侯乃鋒認爲「昌」、「旺」、「祓」、「長」四句，均爲好的意思，第三句解作「祓（福）」。此處從侯氏說。

　　「起地之【紀】」，曹峰以此處爲全文的結語，推測與篇首的天、地、人呼應爲「起地之【材，□民之□】」。但，原本 18 簡下端殘缺，是否爲末尾難以確認〔註 3〕。

　　以下，從 19 簡至附簡，爲釋文中接續未詳的部分。且未釋字、難讀字較多，難取文意之處甚多。爲方便起見，作爲第（7）節一併列出。

（7）

原文：

19 牆勿增■，廢人勿興■。皇天之所棄■，而後帝之所憎■。晦曰冥冥，上天有下政，畫□……

文章大意：

　　牆不得增加。廢人勿要興起。皇天所見棄的，也是後帝所憎惡的。晦稱做「冥冥」，……。

開頭一句，釋文指出可能爲四字句。陳劍認爲接續 14 簡，作「俾牆勿增」，

〔註 3〕　關於戰國楚簡末尾簡的特定，參閱拙稿「上博楚簡〈從政〉の竹簡連接と分節について」（《中國研究集刊》騰號（第 36 號），2004 年）。本稿後來被《竹簡が語る古代中國思想》（淺野裕一編，汲古書院，2005 年）所採錄，並且翻譯爲中文，收錄在拙著《戰國楚簡與秦簡之思想史研究》（台灣，萬卷樓，2006 年）中。

觀點較爲妥當。第三字讀作「牆」，爲季旭昇，李天虹之說。

「後帝」，釋文隸定爲「句帝」，釋讀作「後帝」。天帝之意。《詩經》魯頌・駉之什・閟宮爲「皇皇後帝，皇祖後稷」（箋雲，皇皇後帝謂天也），《論語》堯曰篇爲「予小子履，敢用玄牡，敢昭告於皇皇後帝。有罪不敢赦。帝臣不蔽，簡在帝心。朕躬有罪，無以萬方。萬方有罪，罪在朕躬」。

「晦日冥冥」，釋文作「毋日冥冥」，文意未詳。劉信芳讀「晦」。此處從該說。

原文：

20……付？之不戢■。至刑以依■，？去以謀■。民之所欲■，鬼神是祐■。慎守虛？……

文章大意：

……。民眾所希望的，鬼神也會佑助。……。

全體文意未詳，但論述民眾熱切期望的，鬼神也會進行協助一點值得注意。這一部分論述人與鬼神的密接關係的部分，是沿以天人相關爲基調的〈三德〉全體文意的內容。

原文：

21……京■，竿之長枸株覆車善遊者，

雖文意未詳，但如前所記，陳劍認爲，此 21 簡接續 18 簡，讀作「諒，竿之長。枸株覆車，善遊者死於梁下，豺貌食虎」，論述了懈怠注意輕微的事物就會釀成大的禍敗之意。

原文：

22……之疏未可以遂■，君子不慎其德■。四荒之內，是帝之【關】■。臨民以仁■，民莫弗【親】

「君子不慎其德」之「君子」，作爲〈三德〉中唯一登場的一例值得注意，但因竹簡的斷裂斷裂與前句的對應關係不明文意未詳。

「是帝之【關】」補缺字，釋文未釋，何有祖讀「閭」，解作「四荒之內，皆在帝之裏，即皆爲帝土」之意。範常喜也認爲意思相同，但從字形上不讀「閭」，而讀「關」（門戶之意）。

另外，有關接續問題，陳偉指出了 22＋6 的可能性。在此，考慮到其可能性，將第 6 簡開頭的「新」字釋讀作「親」。

【附簡】

……【不】懈於時■。上帝喜之，乃無凶災。……

（香港中文大學中國文化研究所文物館所藏）

文章大意：

不懈怠於時。上帝就會歡喜，就不會有凶災。……

「凶災」，《禮記》月令中有「是月也……必有凶災」。曹峰假設其後接續 9 簡「……保，乃無凶災」，但因竹簡殘欠無法確定。

以上將上博楚簡〈三德〉分為七節進行了釋讀。因有難讀文字和竹簡的斷裂，還留有若干未釋部分，但可以說為解明〈三德〉的思想史特徵及意義奠定了基礎。只是竹簡的排序、接續等，如以上釋讀中所言及的，除李零氏的釋文以外已有數種異說。但在此文獻中，還沒有可以確定全部 22 簡重新排序的決定性因素，在現階段，不得不說確定整體的連接還甚為困難。

那麼，是否無法確定聯接就無法對內容進行分析呢。對於這個問題，筆者以如下理由，認為可以做出一定程度的讀解。以下就對〈三德〉的文獻性質進行探討。

第二節　〈三德〉的文獻性質

〈三德〉的竹簡排列和接續，雖不明之處甚多。但至少可以認為〈三德〉是具有論說性質的文獻。

迄今公開的上博楚簡中含有各種各樣的文獻，從文獻性質觀點進行分類，大致可以分為以下幾個主要部分〔註4〕。

第一，〈魯邦大旱〉、〈民之父母〉、〈相邦之道〉、〈彭祖〉、〈昭王毀室〉、〈昭王與龔之脽〉、〈柬大王泊旱〉、〈曹沫之陳〉等會話體文獻。〈魯邦大旱〉中，是以魯哀公與孔子以及子貢的會話形式展開的，構成〈民之父母〉的，正是子夏與孔子的問答。〈彭祖〉也是由作為君主的彭祖與臣下耆老之間的君臣問答來構成的。同樣，〈昭王毀室〉，〈昭王與龔之脽〉，是有關楚昭王的故事，〈柬大王泊

〔註 4〕 各文獻的概要，參閱「戰國楚簡研究の現在」（《中國研究集刊》第 33 號，2003年）收錄的各文獻解題，以及「「上博楚簡」解題—《上海博物館藏戰國楚竹書》（三）（四）所收文獻—」（《中國研究集刊》第 38 號，2005 年）的各解題。另外，〈易〉、〈采風曲目〉、〈逸詩〉等，因為是特殊的形態，在以下考察中除外。

旱〉是有關楚簡王的故事，均具有王與臣下的會話體這個共同的特徵〔註5〕。

可以說這些文獻在有關竹簡排列、接續的考察上，具有決定性的意義。以「～～曰」的發話部分爲線索來推測文意，可以將竹簡完整地進行重新排序。但相反，如果研究者對聯接發生誤解，或因脫簡難以進行重新排序時，問題就會比較嚴重。例如，如果將孔子的發言部分誤讀爲子貢的發言，就會導致對竹簡的聯接發生誤解，文意也會完全相反。

對此，第二種類型，是〈孔子詩論〉、〈緇衣〉、〈性情論〉、〈從政〉、〈昔者君老〉、〈容成氏〉、〈恒先〉、〈內禮〉等爲代表的論說形式的文獻。其中，〈孔子詩論〉是有關「詩」的論評，撰者的解說占了大半，只有一部分當中，插入了「孔子曰」等孔子的言語。〈緇衣〉，基本上與現行本《禮記》緇衣篇爲相同內容。並以「子曰」爲標誌將全體分爲二十三章。〈性情論〉基本上是與郭店楚簡〈性自命出〉爲相同內容的文獻。內容是論說「命」、「性」、「情」等，全體分爲數個部分。〈從政〉具有「聞之曰」等聞書體裁的特色，至少是由約18節的內容構成〔註6〕。〈容成氏〉，記載有古代帝王的系譜並論說了禪讓論，是一個首尾一致的長篇文獻。〈恒先〉論說了獨特的宇宙生成論。〈內禮〉由七個段落構成，第一到第四段的文意，具有一定的連續性，但第五段以後，沒有連續性，似爲各自獨立的一節。從其一部分與《大戴禮記》曾子立孝篇、曾子事父母篇的記述關係密切上，可以認爲是有關論說「孝」及「禮」的文獻。

這些文獻是如何探討竹簡的排列，接續問題的呢？首先，〈孔子詩論〉、〈緇衣〉、〈內禮〉等與傳世文獻具有重複的部分的文獻，可以以此該關係爲線索，比較容易重新確定排序。〈孔子詩論〉以《詩經》爲根據，〈緇衣〉與〈內禮〉，

〔註5〕　〈彭祖〉、〈昭王毀室〉、〈昭王與龔之脽〉的詳情，參閱拙稿「上博楚簡〈彭祖〉における「長生」の思想」（《中國研究集刊》致號（第 37 號），2005年），「父母の合葬─上博楚簡〈昭王毀室〉について─」（《東方宗教》第107 號，2006 年），「語り継がれる先王の故事─上博楚簡〈昭王與龔之脽〉の文獻的性格─」（《中國研究集刊》露號（第 40 號），2006 年）。另外這三篇還翻譯爲中文，收錄在拙著《戰國楚簡與秦簡之思想史研究》（台灣，萬卷樓，2006 年）中。

〔註6〕　〈從政〉的詳細情況，參閱拙稿「上博楚簡〈從政〉の竹簡連接と分節について」（《中國研究集刊》騰號（第 36 號），2004 年），「上博楚簡〈從政〉と儒家の「從政」」（同）。此二篇，其後被《竹簡が語る古代中國思想》（淺野裕一編，汲古書院，2005 年）採錄，並翻譯爲中文，收錄在拙著《戰國楚簡與秦簡之思想史研究》（台灣，萬卷樓，2006 年）中。

《禮記》與《大戴禮記》則成為很大的依據。

　另外如〈容成氏〉與〈恒先〉一般，在一個主題下按順序展開論說時，可以說其論理本身也可以作為重新排序的重要線索。雖並非會話體，但論說全體具有前後一致的文意。如〈容成氏〉，是沿古代帝王的系譜展開論說，所以堯與禹登場的順序不會發生變化。而且在〈恒先〉中，因為是在論說宇宙生成的過程，所以當然是按照原始的「恒先」為序展開論說。不可能在論說「恒先」與「氣」的宇宙生成的初期段階，突然有「人」登場。在這種文獻當中，竹簡的排列、接續，與前述會話體的文獻同樣，可以說具有決定性的意義。

　然而，〈性情論〉與〈從政〉的情況則比較特殊。可以說是採用一種「分段體」論說形式的文獻。〈性情論〉與郭店楚簡〈性自命出〉基本上為同一文獻，但無論如何考慮，竹簡排序也不可能與〈性自命出〉一致。可以認為各段均有相當的更替。即〈性情論〉與〈性自命出〉，是同一文獻的不同文本（異本），而且可以認為這種異同，正是由該文獻採取了分段體的論述形式所致〔註7〕。即文獻整體上具有共同的主題，但其論述，則是由多個段落聚合而成。因此，雖然在段落內部保持一定的文脈，但在傳寫之際，發生了段落的置換。

　〈從政〉整體上也是由「聞之曰」的聞書體構成，但就竹簡的排序，異說較多。其原因正是因為該文獻是由「聞之曰」起頭的分段體論述而構成的。整體上，難以設想是按分段展開嚴密的論述，而是在「從政」這個主題下相互保持較為鬆弛的分佈關係。此點與〈性情論〉、〈性自命出〉同樣。

　並且，該點從與傳世文獻的關係上也可以得到證實的，是〈緇衣〉這部文獻。〈緇衣〉，與郭店楚簡〈緇衣〉、《禮記》緇衣篇基本上為同一內容，但在楚簡本與現行本之間，存在有構成上的相異。現行本《禮記》緇衣篇中以「子曰」起頭的有二十五章，而楚簡本〈緇衣〉，則不存在相當於《禮記》緇衣篇的第一章、第十六章、第十八章的部分，而且相當於第七章的部分分為兩個不同的章。並且在現行本《禮記》緇衣篇中具有的《易》的引用，在楚簡本中則並無存在。此點正說明了這樣一個事實，就是無論是現行本還是楚簡本，〈緇衣〉這個文獻，是由多個段落（章）來構成的，在傳寫的過程中，

〔註7〕　〈性自命出〉與〈性情論〉的關係，參閱竹田健二氏「郭店楚簡〈性自命出〉と上海博物館藏〈性情論〉との関係」（《日本中國學會報》第 55 集，2003年）。

容易產生整個段落的異同。

這些文獻中，與前述的論述形式相異，根據脫簡、殘簡的程度，要想完全確定竹簡的排列，接續問題極為困難。所幸〈性情論〉、〈從政〉均可由墨釘、留白現象來特定末尾簡，但其他竹簡的排列，接續則留有不明之處。

在這種狀況下，是否就無法就其內容方面進行探討呢？的確，〈性情論〉、〈從政〉在其各個段落之間並非由緊密的邏輯加以連接。與會話體構成的文獻，或論述統一而文脈一致的文獻相比，解讀起來則較為困難。但反過來也意味著不會產生致命的誤讀。即在會話體的文獻中，一枚竹簡的排序錯誤會直接導致致命的誤讀，但在〈性情論〉或〈從政〉中，只要正確地讀取段落內的論理，即使段落間接續未詳，也可以基本正確地讀取文獻整體的意思。例如，在〈從政〉中，並沒有因為第三段與第四段發生倒置，就完全無法解讀。這正如在《論語》中，除去特定的章，即使以「子曰」開頭的孔子的言語（章）多少發生置換，對《論語》整體的讀解也沒有太大的阻礙。

因此，對於如此文獻，即使竹簡整體的連接無法確定，對各段的考察也是充分可行的。並且，在如此考察的積累之上，就有可能對該文獻的思想內容進行綜合探討。

那麼，上博楚簡〈三德〉的文獻性質，屬於上述哪一種呢？自然是屬於論述形式的文獻。僅在第 9 簡有「高陽曰」，第 10 簡有「皇后曰」等表述，但這也是在撰者的論述之中，插入「曰」句而成，是與前述的〈孔子詩論〉相類似的事例，〈三德〉全體顯然並非會話體的文獻。並且可以認為，〈三德〉的論述並非如〈恒先〉或〈容成氏〉一般，為緊密連續的首尾一致的論說形式，而是與〈性情論〉或〈從政〉相近的形式。。

在現階段，竹簡排列有關的主要觀點如下所示。負責原釋的李零氏排列為，1～9，10～16，17＋18，19……22，附簡。其認為1～9，以及10～16，加之 17＋18 的連接基本上比較確切，但 19 簡以後的連接未詳。對此，陳劍氏設想了 1＋4～5，13～14＋19，17＋15～16，21＋18，22＋6～7，12＋20 的連接方式。侯乃鋒氏也支持 1＋4～5 的連接，並在之前配置 2 簡。王蘭氏則大致將 2＋3＋1＋10＋11＋12 上＋附簡＋8 下＋9＋4＋5 分為前半部，將 13＋14＋19＋12 下＋20＋22＋6＋7＋8 上＋21＋18＋17＋15＋16 分為後半部。曹峰氏將全體分為上篇與下篇，上篇是「1～5」，「22＋6～8＋17」，「17＋15＋16＋9」，等三節組成，下篇是由「9～12」，「12＋20＋13＋14＋19＋21＋18」，

「18」等三節構成。以上觀點均有可循之處，如上釋讀中所述，本稿就幾個重要的異說進行了介紹。但是無論根據哪個觀點，均無法明快地通讀〈三德〉全體。其原因在於〈三德〉原本就是關於「天」、「人」關係的複數論述而構成的。即便不能說如〈性情論〉或〈性自命出〉一樣具有明確的段落，全體也可以說是由幾個章構成的。而且在〈三德〉中，末尾簡無法特定，文獻的首尾未詳等點也增加了重新排序的困難程度。

因此，就〈三德〉而言，可以說與其在沒有明確的根據下就竹簡的連接進行議論，還不如將〈三德〉整體進行歸納分析，並逐步考察其內容，才更具有建設性。

基於如此方針，筆者將在下章就〈三德〉的思想史特徵及意義進行考察。

第二章　上博楚簡〈三德〉的天人相關思想

序　言

　　在上章中，筆者試對《上海博物館藏戰國楚竹書（五）》（上海古籍出版社，2005 年）所收的新出土文獻〈三德〉進行了全體的釋讀。

　　本章將在此研究的基礎上，進一步就〈三德〉的思想史特徵和意義進行考察。以下在引用原文時，將使用上章中筆者的釋文。關於詳細內容以及相關部分的異說等，請參閱第一章。

　　另外，在上博楚簡的書寫年代問題上，前 257 年±65 年，這個中國科學院上海原子核研究所的炭素 14 的測定值，〔註1〕早已是眾所周知。這個數值如果以 1950 年爲定點的國際標准來換算的話，應該是前 307±65 年，即前 372 年至前 242 年。因其下限被設定爲秦將軍白起伐郢的前 278 年，〔註2〕所以，可推定書寫年代很有可能在前 372 年到前 278 年之間。原文獻的成立年代當然也應依此進行上溯。所以對於〈三德〉，本稿先以最遲也爲到戰國時期中期已成立的文獻爲前提進行考察，在完成內容的考察後，再重新對這一點進行分析。

〔註1〕　參考〈馬承源先生談上海簡〉（《上博館藏戰國楚竹書研究》，2002 年，上海書店出版社）

〔註2〕　關於從前二七八年的「白起伐郢」後，紀山古墓群裏就不再建造楚墓，再見不到楚文化的繼承等論說，可參考劉彬徽〈關於郭店楚簡年代及相關問題的討論〉（《早期文明與楚文化研究》，嶽麓書社，2001 年）。

第一節　天人相關思想的構造

〈三德〉最大的思想史特徵，是其明快的天人相關思想。以下，將把〈三德〉的「天」、「人」關係的論述分為五類進行探討。

（1）人為（良）

第一，是在人為的良否問題上，關於「良」的論述。

①01 天供時■，地共材■，民共力■，明王無思■。是謂三德。

②01 平旦母哭，晦母歌，弦望齊宿，是謂順天之常■。

③03 齊＝（齊齊）節＝（節節），外內有辨，男女有節，是謂天禮■。

④11 入墟母樂■，登 12 丘母歌，所以為天禮■。

⑤15 仰天事君，嚴恪必信■，俯視【百／姓】，務農■敬戒■。母不能而為之■，母能而易之■。

⑥17 敬天之圖，興地之矩■，恒道必皇。

⑦17 知天足以順時■，知地足以固材■，知人足以會親■。

例如，在②中說「平旦母哭，晦母歌，弦望齊宿」的行為，就是「順天之常」。而且在③中說，「外內有辨，男女有節」的狀態是「天禮」，在④中說，之所以不在廢墟中演奏音樂，不登丘而歌就是要遵守「天禮」。

如上所述，①和⑦提示了「天」、「地」、「人」這樣一個世界結構，可見本文獻是以所謂的「三才」的世界構造為前提而進行論述的。然而，從〈三德〉整體來看，卻沒有把「天」、「地」、「人」進行並列論述。關於此點，本文將隨後論述。

（2）人為（否）

第二，和第一相反，是在人為的良否問題上關於「否」的論述。

①03 陽而幽■，是／謂大感■，幽而陽，是謂不祥■。

②09 高陽曰，「母凶服以享祀■，母錦衣絞袒■」。？子是謂忘神……。

③10 母為角言■，母為人倡，母作大事■，母刈常■，母壅川■，母斷洿■，母滅宗■，母虛牀■，母／□敬■，母變事■，母煩姑嫂，母 11 恥父兄■，母羞貧■，母笑刑■，母揣深■，母度山■，母逸其身，而多其言。居母惰■，作母荒。善勿／滅■，不祥勿為■。

④12 臨川之都■，憑岸之邑■，百乘之家■，十室之聚■，宮室汙池■，
　　各慎其度■，毋失其道■。

例如，如③一般連續使用禁止的句法「毋～～、毋～～」來列舉不被喜好的
人爲。接下來，這些不善的人爲被概括爲「大感（憂）」（①）、「不祥」（③）、
「忘神」（②）等詞語。

（3）人爲→結果（良、否）

第三，是明確顯示與人爲（良否）相對應的結果。

①04 毋訴政卿於神次■。毋享逸安■求利■。殘其親■，是謂罪■，君無
　　主臣■，是謂危■。邦家其壞■。

②05 故常不利■，邦失憲常，小／邦則刻，大邦過傷■。變常易禮，土
　　地乃坼，民乃囂死■。

③06 凡托官於人，是謂邦固■，托人於官，是謂邦瘝■，建五官弗措，
　　是謂反逆■。土地乃坼■，民人乃 07 喪■。

④08 邦四益，是謂方華，雖盈必虛■。

⑤13 身且有病■，惡菜與食■。邦且亡■，惡聖人之謀。室且棄，不
　　墮〔遂‧隨〕祭祀■，唯？是服■。凡若是者，不有大禍必大恥■。

⑥14 爲／善福乃來■，爲不善禍乃或有之。

⑦15 聽其營，百事不遂，慮事不成■。

對於「良」的人爲，如⑥所述，相對應的是「福乃來」等良的結果，而對於
「否」的人爲，相對應的則是如①的「邦家其壞」、②的「土地乃坼，人民乃
喪」、⑤的「不有大禍必大恥」等否的結果。即講述了人爲的善惡與福禍相對
應的明快的因果律。這裏雖沒有直接出現「天」、「帝」等詞語，但可以推想，
定是以天人相關而導致了良否結果的意識爲前提的吧。以下第四、第五的例
子就印證了這點。

（4）人爲→天→結果（良）

第四，是講述良的人爲被天所感應，天將降良的結果。

①03 敬＝之＝（敬之敬之），天命孔明。

②06 舉＝（興興）民事■，行往視來■。民之所喜■，上帝／是祐■。

③08 鬼神禋祀，上帝乃怡，邦家 09……保，乃無凶災■。

④18 好昌天從之■，好旺天從之■，好祓天從之■，好長天從之■。順天
之時，起地之【紀】……。

⑤20 民之所欲■，鬼神是祐■。

⑥【附簡】……【不】懈於時。上帝喜之，乃無凶災。

天的一方用「天命」、「上帝」、「天」、「天之時」、「鬼神」等，並沒有固定詞
語。但例如②「上帝是祐」、③「上帝乃怡」、④「天從之」、⑤「鬼神是祐」、
⑥「上帝喜之」等，均被敘述爲存在有明確的意志與感情一點極具特徵。這
在考慮到〈三德〉中「天」的性質問題時是很重要的一點。關於此點，稍後
將重新進行詳細論述。

（5）人爲→天→結果（否）

第五則與第四相反，是講述不善的人爲被天所感應，天將降下否的結果
（災異）。也是在〈三德〉全體當中，分量最多的一部分。

①02 敬者得之■，怠者失之■，是謂天常■，天神之【□。毋爲□□】，
皇天將憚之■，毋爲偏詐，上帝將憎之■。忌而不忌，　天乃降災■，
已而不已，03 天乃降異■。其身不沒，至於孫＝（子孫）■。

②04 如反之，必遇凶殃■。

③07 喜樂無期度，是謂大荒■，皇天弗諒，必復之以憂喪■。凡食飲無
量計■，是謂淫荒，上帝弗諒■，必／復之以荒■。上帝弗諒■，以祀
不享■。

④08 宮室過度■，皇天之所惡■，雖成弗居■。衣服過制，佚於美，是
謂違章■，上帝弗／諒。

⑤14 方營勿伐■，將興勿殺■，將齊勿刲■。是逢凶孽■，天災繩＝（繩繩），
弗滅不隕■。

⑥15 驟奪民時■，天飢必來。16 奪民時以土功，是謂稽■，不絕憂恤■，
必喪其匹■。奪民時以水事，是謂順，喪以係樂■，四方來囂■。奪民
時以兵事■，是【謂屬】……。

⑦19 牆勿增■，廢人勿興■。皇天之所棄■，而後帝之所憎■。

描寫天的詞語，有「天」、「天神」、「皇天」、「上帝」、「後帝」等多個不固定
的表達方法。但如①的「毋爲□□，皇天將憚之，毋爲偏詐，上帝將憎之」、
「忌而不忌，天乃將災，已而不已，天乃降異」、以及③④的「上帝弗諒」、

⑦的「後帝之所憎」等，均有意志、有感情，是作爲給人類降下災禍的神格來敘述的。

而且，對於不善的行爲，會「其身不沒，至於子孫」，因天降的「災」、「異」導致天壽不全、其災禍殃及子孫等的敘述，向不善的人爲發出了強烈警告。

第二節　天的思想之特色

以上，將〈三德〉中關於大人關係的論述分爲五類進行了考察。以下，將以上的分析結果重新總結爲以下三點。

第一，是〈三德〉中強烈的天人相關思想和災異說。在以上（1）類～（3）類中，即使沒有直接出現「天」、「帝」等詞語，也並非是在人事的範圍內所完結的議論。（1）類～（3）類也如同（4）類、（5）類一般，強烈意識到與「天」、「帝」關係的可能性極高。在（4）和（5）中，講述了人爲被天（皇天、上天、上帝、鬼神）所感應，天應其人爲降福禍到人間（王、邦）的明快的天人相關思想。可以認爲這樣的構造就是貫穿本文獻的基調。

而且，這樣的天人關係也與《詩經》和《書經》酷似。可以說，把上天、上帝作爲世界的主宰者來尊敬的《詩經》、《書經》與〈三德〉在這點上具有極爲相近的關係。例如，在《書經》中，有「天乃大命文王，殪戎殷」（康誥篇）、「旻天大降喪於殷」（多士篇）、「今予發，惟恭行天之罰」（牧誓篇）等，把殷周的王朝交替說成是天的意志。天，以天命授與的形式，給予了王朝誕生這樣一個最大的恩寵，相反對於王的不善，則降下王朝的毀滅這樣一個最大的災禍。在《詩經》中，如「皇矣上帝，臨下有赫，監觀四方，求民之莫」（大雅·文王之什·皇矣）、「天降喪亂，滅我立王」（大雅·蕩之什·桑柔）等，也在歌頌上帝是天下最高的支配者，其支配力浸透到庶民。由此可以看出《書經》、《詩經》和〈三德〉具有思想史的類緣性。

另外，在以下的「災」、「異」的說明中，可以說具有了向春秋公羊學的災異思想發展的可能性。在〈三德〉的 02 簡~03 簡中，有「忌而不忌，天乃降災，已而不已，天乃降異。其身不沒，至於子孫」的敘述。首先，是人在應該忌諱卻沒有忌諱時，天會感應其行爲，降下災禍。其次是應該禁止的行爲沒有禁止時，天感應其行爲而降下變異。到此，人爲已是無能爲力，人不但不能保全天壽，而且其災禍還會殃及子孫後代。

這樣的敘述，讓人立刻想起以下的災異說。即在《春秋繁露》中，對災

異的定義是，「其大略之類，天地之物，有不常之變者，謂之異，小者謂之災，災常先至，而異乃隨之，災者，天之譴也，異者，天之威也」（必仁且智篇）。在公羊學中，對災和異的關係進行了更爲簡捷明快的說明。首先，在天降到人間的「變」中，「小」的叫「災」，天以此對做惡事的人發出警告。人也不僅把這樣的災害只看作自然災害，還必須將其看作是天降下的警告。如還不反省繼續作惡的話，天接下來會降下更大的「異」來對人進行譴責。如此，在公羊學的定義裏，把「災」、「異」作爲「變」的大小來進行說明。而且在時間上，明確了首先是「災」，其次是「異」的前後關係。

因此，也可以說〈三德〉的說明並沒有象公羊學的定義一般明確。的確「災」、「異」規模的大小並沒有明確顯示。然而，從「忌」和「災」的對應，「已」和「異」的對應來考慮的話，可以充分認爲在〈三德〉中「災」也是比較小的災害，而「異」則是更大的變異。而且如果尊重「災」、「異」的語序的話，其前後關係和公羊學的定義是相同的。並且「異」的結果是人壽不全，其災禍還會央及子孫的解說，和把「異」作爲天譴的公羊學的定義同出一轍。公羊學的隆盛被認爲是在漢代春秋學中，但這樣的災異說的想法本身，可以說，在〈三德〉中已經存在了。

第二，是單薄的天道思想。中國古代關於天的思想有數種類型。其中有代表性的類型如下所示。

其一，是把「上天」、「上帝」等作爲世界的主宰者來尊敬的天的思想。是講述人爲的良否爲上天、上帝所覺察而在人間降下與此相對應的禍福。即所謂的天人相關思想。如前所記，從傳世文獻中來看，在《書經》《詩經》中所見的天與此對應。可以說是比較古老類型的天的思想。

其二，是作爲理法的天。前者的天，是不現身影，作爲有明確的意志、感情的人格神的主宰者來登場的。而作爲理法的天，是以「陰陽」、「日月」、「四時」等天體的週期運動和四季的推移來表示的。所以被稱之爲「天道」思想。即便如此，天也並非是與人沒有關係的存在，人被要求應該順其理法而行動。如違反其理法，人將會被降以災禍。在此意義上，可以說還是有天人相關的思想構造。

除此以外，還有上帝、上天位居最高位的同時，又在天與人之間介以理法的一種折衷型的天的思想。另外，與郭店楚簡〈窮達以時〉和荀子的「天人之分」的思想相同，也可見到認爲在天的領域和人的領域之間沒有相互關

連的思想。〔註3〕

那麼〈三德〉的天，是與哪一種相對應的呢？ 〈三德〉的主角是用「上天」、「上帝」、「天神」、「皇天」、「後帝」等詞語來表示的世界的主宰者。如「上帝乃怡」、「上帝喜之」、「皇天將之」、「上帝將憎之」、「上帝弗諒」等，對於人為持有明確的意志、感情，如「天乃將災」、「天乃降異」、「天飢必來」一樣，把災禍直接降到人間世界。而且，在天與人之間，沒有介在氣、陰陽、日月、刑德、四時等週期性的天道。〈三德〉的天人關係極為直接。甚至可以說，沒有作為理法的天與天道思想一點，才是〈三德〉的思想特色。

第三，必須留意的是與《大戴禮記》的關係。在開頭的第一簡中，「三德」被定義為「天供時，地供材，民供力，明王無思。是謂三德」。對此，制定釋文的李零氏注釋為是以《大戴禮記》為參考資料。即是以「有天德，有地德，有人德，此謂三德。三德率行，乃有陰陽。陽曰德，陰曰刑」（四代篇）一文為參考的。

那麼，〈三德〉與《大戴禮記》中關於「三德」的意思內容是否完全相同？在《大戴禮記》中，將「天德」、「地德」、「人德」定義為「三德」後，導出「陰陽」和「刑德」的思想。而在〈三德〉中，天地人各自分工不同，將「明王」的「無思」的狀態定義為「三德」。雖同使用「三德」這個詞語，但可以說與《大戴禮記》中的意思是不同的。而且在〈三德〉中，僅可見「時」、「幽」、「陽」等詞語，卻全無「陰陽」、「刑德」、「氣」、「四時」等與天道思想相關的要素。如前所記，〈三德〉天的思想的特點，在於「上天」、「上帝」與人的直接關係一點，與《詩經》和《書經》的天酷似。也即是說，是在論述相對古老類型的天的思想。

而且，的確在第1簡中，作為世界的結構，「天」、「地」、「人」並列在一起，僅就這點來看，則與《大戴禮記》相類似。然而在其後的文意中，並沒有將這三者按同等比重來敘述，而重視的只有「天」、「人」的關係。天、地、人的登場，在第1簡以後只在第17簡中可見。當然，〈三德〉中可見的天、地、人，所謂「三才」的世界構造一點極為重要。但可認為〈三德〉撰者的興趣，幾乎全部集中至「天」與「人」的關係之上。在此意義上，是否與《大

〔註3〕 關於郭店楚簡〈窮達以時〉的「天人之分」的思想，請參閱淺野裕一〈『窮達以時』の「天人の分」について〉（《古代思想史と郭店楚簡》，汲古書院，2005年）。

戴禮記》具有密切關係還值得懷疑。而且與此相關，本文獻「三德」的擬稱，
是否確切表達了全體的內容，可以說還具有商榷的餘地。

第三節　編輯意圖與讀者對象

　　下面，將探討有關〈三德〉的編輯意圖與讀者對象。

　　迄今筆者加以分析的上博楚簡中，如〈從政〉，是將儒家追求的「從政」時
的心得，以孔子的話語形式記錄下來的文獻。可以推測，該文獻原本具有儒家
集團內部文書的性質〔註4〕。同樣，由子貢和孔子的問答構成的〈民之父母〉，
在對「詩」的評論中插入孔子話語的〈孔子詩論〉，以魯哀公和孔子、子貢的會
話形式構成的〈魯邦大旱〉等，也同樣可認爲是與儒家集團的活動具有密切關
係的文獻。作爲其成立的場所，可以設想爲儒家活動據點的魯和齊。

　　另一方面，〈昭王毀室〉和〈昭王與龔之脽〉，從其顯彰楚昭王政治業績
的內容可以推測爲具有楚國當地性質的文獻。而且，作爲其最適合的讀者對
象，可以認爲是昭王以後的歷代楚王、太子、貴族等。〔註5〕同樣，由彭祖和
耇老的君臣問答所構成的〈彭祖〉以及取自魯莊公與曹沫問答形式的〈曹沫
之陳〉等，也是在論述政治與軍事要諦的文獻，其讀者對象，也被想定爲王
與貴族。〔註6〕

　　那麼〈三德〉是具有怎樣的編輯意圖？是以哪些讀者爲對象所著的文獻
呢？

　　〈三德〉思想的特徵，在於以天（上天、上帝）與人的明快的相關思想

〔註4〕　關於〈從政〉的詳細論述，請參考拙稿〈上博楚簡『從政』の竹簡連接と分
　　　　節について〉（《中國研究集刊》騰號（第三十六號），2004年）、〈上博楚簡『從
　　　　政』と儒家の「從政」（同前）〉。這兩篇，其後被收錄在《竹簡が語る古代中
　　　　國思想》（淺野裕一編，汲古書院，2005年）。另外，也被譯爲中文的拙著《戰
　　　　國楚簡與秦簡之思想史研究》（臺灣，萬卷樓，2006年）所收錄。
〔註5〕　有關〈昭王毀室〉、〈昭王與龔之脽〉的詳細論述，請參照拙稿〈父母の合葬
　　　　—上博楚簡『昭王毀室』について（《東方宗教》第107號，2006年），以及
　　　　〈語り継がれる先王の故事—上博楚簡『昭王與龔之脽』の文獻的性格—〉
　　　　（《中國研究集刊》露號（第40號），2006年）。另外，這兩篇同被收錄在譯
　　　　爲中文的拙著《戰國楚簡與秦簡之思想史研究》（臺灣，萬卷樓，2006年）中。
〔註6〕　有關〈彭祖〉的詳細論述，請參照拙稿〈上博楚簡『彭祖』における「長生」
　　　　の思想〉（《中国研究集刊》致號（第37號），2005年）。另，該論也被收在中
　　　　譯本的拙著《戰國楚簡與秦簡之思想史研究》（臺灣，萬卷樓，2006年）。

為前提，對讀者講述「順天」、「敬天」的重要性一點。另外，連續使用「毋
～」的句法，強烈警告如不「順天」、「敬天」則會引起「邦」、「家」、「身」
的衰亡。而且與此相關聯，如「毋刈常」、「故常不利，邦失憲常，小邦則刬，
大邦過傷」、「變常易禮，土地乃坼，民乃囂死」等，表明了強烈的保守立場。

　　並且，從「君」、「臣」、「民」、「邦家」、「都」、「邑」、「奪民時」等詞語
也可以明確得知，〈三德〉所敘述的，基本上是國家論、政治論。此點，從第
1簡中可見的「明王」以及第4簡中的「君」等詞也可以明顯看出。可以推測
〈三德〉的主要的讀者對像是「邦」的「王」。而很難考慮是面向一般的臣下
士大夫或庶民的思想。

　　那麼〈三德〉的撰者，是怎樣的人物或組織呢？如前所述，〈三德〉在
講述酷似《詩經》、《書經》的天的思想。或讓人認為是廣義的儒家系統的文
獻。但在〈三德〉中，並沒有引用孔子的話語或展開孔子與弟子的問答。至
少可以說，並非為如〈魯邦大旱〉及〈從政〉意義上的儒家系統的文獻。

　　而且，〈三德〉的內容，僅似提取了《詩經》、《書經》中天人相關思想的
精華一般。如果重視這一點，則可以說〈三德〉是在中原成立的文獻，甚至
可以說，有可能是在與《詩經》、《書經》有密切關係的周王室內成立的文獻。

第四節　〈三德〉的思想史的位置

　　以下來探討關於〈三德〉的思想史的位置問題。如前所述，如將作為〈三
德〉基調的天人相關思想以及編輯意圖、讀者對象等結合起來考慮，在傳世
文獻中與其性質最為接近的是《書經》。並且，在「皇天」、「上帝」、「鬼神」
等登場一點上，不但與《書經》，與《詩經》、《墨子》也有類似之處。但從其
基本性質來看，《詩經》為詩歌，《尚書》為聖王之言，《墨子》為子墨子之言，
與〈三德〉的撰者僅在集中論述天人相關的理論一點相比，具有極大的差異。

　　關於〈三德〉的如此內容，已有數種不同的觀點，以下，一面探討這些
不同的觀點，一面就〈三德〉的思想史的地位問題進行論述。

　　首先，來看一下曹峰先生和福田一也先生的研究。曹峰先生自《上海博
物館藏戰國楚竹書》第五分冊的刊行後，發軔於〈三德〉與《黃帝四經》對
比研究箚記（一）〉（武漢大學簡帛研究中心「簡帛網」2006年3月22日），
先後在「簡帛網」上陸續發表了關於〈三德〉的釋文及論考。其〈三德〉中
的"皇后"為"黃帝"論〉（「新出楚簡國際學術研討會」會議論文集，武漢

大學，2006 年）也是這些論考延長線上的內容。

其結論是，因上博楚簡〈三德〉與馬王堆漢墓帛書《黃帝四經》有眾多的相似點，所以〈三德〉是典型的黃老思想的著作，因此，和〈三德〉中「高陽（顓頊）」同樣附帶「曰」字的發言者「皇后」，實際上是指「黃帝」。該研究的最大特點在於，經過對〈三德〉和《黃帝四經》的比較研究，在思想史上，將兩者均定位爲黃老思想的文獻一點。

對此，福田一也先生在其〈上博簡五〈三德〉篇中"天"的觀念〉（「新出楚簡國際學術研討會」會議論文集，武漢大學，2006 年）中，提示出完全不同的結論。福田氏認爲，在古代中國的天的思想中，可以見到「上天」、「上帝」等的人格神的天，和把陰陽、日月、四時等具體的內容作爲理法的天，然而，與屬於前者的〈三德〉中的天相比，《黃帝四經》中的天是後者，兩文獻中天的基本性質不同。福田在批判曹峰的論點的同時，主張與其說〈三德〉是黃老思想的著作，倒不如說是重視禮的儒家文獻。

在此需注意的是，研究的基本方法論的問題。首先，在曹峰先生的一系列論考中，認爲〈三德〉與《黃帝四經》有眾多的類似點。這是從用語、用韻、句法的觀點得出的結論，其本身並無錯誤。正如其指出的一樣，「天」、「地」、「民（人）」、「夭」、「時」、「高陽」、「皇后」、「後帝」、「上帝」、「幽」、「陽」、「故常」、「幹常」、「小邦（國）」、「大邦（國）」、「聖人之謀」、「土攻」、「不祥」、「不……乃……」、「毋……」等語句（或類似的語句），的確在《黃帝四經》中也可以見到。而且，〈三德〉中施以眾多墨釘，可以推測到是意識到一部分的押韻。在《黃帝四經》可見到押韻一點，也正如其所指出的一樣。

但在曹峰先生的論點中，首先就〈三德〉與《黃帝四經》中可見「天地人」的世界的結構一點來說，以如此世界的結構作爲前提立論的，並不僅限於這兩部文獻。

而且，「時」的用語，的確在〈三德〉、《黃帝四經》兩書中均可見到。但〈三德〉中並無「四時」這個詞語。〈三德〉所論述的是，作爲天的特性的「時」，始終不過是用來與「地」的「材」、「民」的「力」進行對比的。並非是在黃老思想中所見到的明確的「四時」。

「陰陽」一詞也是同樣。在〈三德〉中，可見到「幽」和「陽」等詞語。這在某種意義上，可以說與「陰陽」相通。但在〈三德〉中，卻不見明確的「陰陽」和「刑德」的思想。

另外，「高陽」一詞也需注意。的確，高陽在〈三德〉、《黃帝四經》兩書中均有登場。然而，〈三德〉中可見的固有名詞只有「高陽」一詞，而在《黃帝四經》（《十六經》）中，「高陽」只不過是眾多登場人物中的其中之一。僅以高陽一詞為線索，是不可以將其文獻性質等同而視之的。

與此相關聯，在「新出楚簡國際學術研討會」上曹峰先生的宣讀論文中，提出了〈三德〉中所見的「皇后」實際上是「黃帝」的結論。然而，其論述給人一種倒錯的印象。其見解是，〈三德〉與《黃帝四經》同為黃老思想的文獻，因為《黃帝四經》中有黃帝與高陽的出現，所以〈三德〉中黃帝也應該出現。這是一個極為勉強的推理方式。加之，相對於《黃帝四經》（《十六經》）是以黃帝與臣下閹冉、力墨等的會話體形式所構成的而言，〈三德〉基本上是論說的形式。兩者也存在著這種形式上的差異。〔註 7〕

如果以類似性作為一個問題的話，不僅是每個用語與句法，最根本的思想結構與特性才是必須被分析的對象。關於〈三德〉，首先應該舉出與其天的思想酷似的《詩經》與《書經》，而且關於《黃帝四經》，如淺野裕一先生的《黃老道的成立和展開》（創文社，1992 年）中已經論證的一樣，應該關注一下《國語》越語下篇等文獻。總之，曹峰先生的觀點，僅指出了細微部分的類似點，而沒有重視關於思想的根本問題的探討。

與曹峰先生的方法論、結論相比，福田先生的見解，可以說是正確地抓住了〈三德〉的基本性質，從而導出了比較穩妥的結論。只是，關於「儒家思想」的文獻這樣一個結論，還有必要注意若干問題。

如剛才所考，在上博楚簡中，只要被認為是儒家文獻的，都存在與其相對應的明確的根據。例如〈魯邦大旱〉，是由魯哀公和孔子、子貢的問答所構成，而〈從政〉，則是集孔子言語的引用（聽聞錄）的大成。這些文獻，很明顯可以認為是孔子以後的儒家編撰的文獻。

然而，在〈三德〉中完全沒有這些要素。帶「曰」字的發言者，也僅有高陽與皇后，並不存在可以看出孔子和其弟子的要素。而且，也見不到論述「天」與「禮」的重要性的「仁」、「義」、「忠」、「信」等儒家特有的術語。

如此看來，所謂「儒家文獻」，乃是基於後世的標准判斷後得出的結論，

〔註 7〕　不過，正如曹峰先生所指出的一樣，〈三德〉和《黃帝四經》之間有相當多的用語相類似是事實。筆者認為，可以設想〈三德〉中這樣的要素的一部分，具有流入了後來的黃老思想的可能性。

要如此來看待這個問題才比較妥當。〈三德〉本來是不是由儒家（特別是孔子集團）編撰的問題，僅從其內容是無法判斷的。如前所記，倒是如同《詩經》與《書經》一般，也可以設想其與周王室的關係。

從這個意義上可以說，這個文獻在某一方面具有與《書經》類似的思想史的意義。《書經》本來是記錄王者言語的文獻。但自從與《詩經》一起被尊為孔子集團教學的教材以後，上昇到了經典的地位。〈三德〉本來也是與孔子集團無緣的產物，但可以推測，是在後來由儒家進一步完備了其受到尊重的思想內容。只是《書經》成為了儒家的經典，而〈三德〉卻散軼了，這一點是後來兩書發展歷史上最大的不同點。

另外，除曹峰、福田兩位先生外，言及〈三德〉的思想史的意義的論文，還有歐陽禎人（張傑）先生的〈《上博簡‧五》學術價值考論〉（「新出楚簡國際學術研討會」會議論文集，武漢大學，2006 年）。其見解沒有限於〈三德〉，而是廣泛涉及《上海博物館藏戰國楚竹書（五）》所收的文獻，關於〈三德〉的結論可以概括為以下三點。

第一，以〈三德〉為首，《上海博物館藏戰國楚竹書（五）》所收的文獻，不是「理論原創時期」的著作，而是把原創理論改寫、轉述後流傳到民間的通俗讀物，其學術意義並沒有注釋者說的那樣重要。第二，其文獻的時代比較新，在世俗的儒家思想中，混入了與儒家思想相異的雜駁的思想（道家、法家、黃老的道等）。第三，文獻的作者，是折衷刑德、道法、黃老思想等的俗儒，是孔子所說的「小人儒」。

比起其他眾多的論考均止於就特定的部分進行詞語釋義及箚記來，該論文從文獻的全體意義上入手進行論述的一點獨具特色。

但是，其結論是否是作為對每個文獻進行實證考察後得出來的，尚有很大的疑問。首先，即使是欲將《上海博物館藏戰國楚竹書（五）》所收的全部文獻收入視野的出發點不錯，但將其一概而論，認為是流傳民間的通俗讀物，及混入了與原始儒家不同的雜駁的思想等，可以說論述稍顯粗雜。這些文獻，只不過是為了編輯上的方便，偶然被編入了《上海博物館藏戰國楚竹書》的第五分冊中，因而其每個文獻的思想史的特徵和意義，當然也必須進行個別的論考。同樣，其他的分冊也可以這麼說。比如，可以把第三分冊所收的全部文獻總括起來，而論述其思想史的意義嗎？ 或把第四分冊所收的全部文獻的成立時期總括起來，特定在某個時期嗎？ 看來，這樣的方法論從根本上是

不合理的。另外，關於〈三德〉中，混入了與原始儒家不同的雜駁的思想（道家、法家、黃老的道等）一點，以及其作者是折衷刑德、道法、黃老思想等的俗儒一點，從〈三德〉的內容來看也可以說是完全不能被證實的論述。要說是否雜駁一點，如前所述，〈三德〉的內容，在論述天和人的直接關係一點上，倒不如說，是極其純粹、單一的。

至少在此，見不到道家思想與法家思想的要素。〔註8〕而且，有關黃老思想，如在評論曹峰先生的見解時所述的，黃老思想的最大的思想特徵的天道思想，在〈三德〉中卻是完全見不到的。

另外，對「原始儒家」及「俗儒」的看法，歐陽先生也未提示任何的證據。無論如何，可以說如此曖昧的思想史的定位是沒有說服力的。假如，其所說的「原始儒家」是指孔子及孔子集團的思想的話，那麼〈三德〉的成立，倒不如可以設想為具有先行於該「原始儒家」的可能性。因為如前所述，〈三德〉的天的思想，是與《書經》最為相似的。遺憾的是，〈三德〉中，沒有可以特定成立時期的要素。不過，至少在論述比較古老類型的天的思想一點是可以確定的。

需要附加的一點是，〈三德〉中登場的固有名詞僅有「高陽」一詞，論說的前提被設定為太古時期。而且，關於第6簡中「建五官弗措」的「五官」，釋文指出《禮記》曲禮下中有「天子之五官，曰司徒、司馬、司空、司士、司寇，曲司五眾」，但如果是《國語》楚語下中「於是乎，有天地神民類物之官，是謂五官」（韋昭注「類物，謂別善惡，利器用之官」）中所謂的「五官」的話，則不是殷周時代的官職名，有可能是以太古時期為前提的。整體上的設定，可以認為是設想為相當古老的時代的。〔註9〕

〔註8〕　歐陽禎人先生也許是因為在〈三德〉中有和《呂氏春秋》上農篇的類似句，所以認為〈三德〉中具有法家思想的要素。但是，如冷靜地考慮一下上博楚簡的書寫年代和《呂氏春秋》的成立年代，就會發現很明顯〈三德〉的記述是先行於《呂氏春秋》的。只是，〈三德〉的記述是否為獨創卻不得而知。或許可以認為，有可能這樣的表現自身在古代已經存在，而〈三德〉和上農篇把其編入了自己的論說。

〔註9〕　只是，即使說「古老」，〈三德〉的論說並不是可以上溯到創始宇宙的深遠的論述。這點上，與同為戰國楚簡的郭店楚簡〈太一生水〉以及上博楚簡〈恒先〉做一下比較就會很明顯。〈太一生水〉和〈恒先〉，從比人類誕生更為遙遠的創始宇宙時說起。〈三德〉也是上溯到上古進行論述的，然而，相比之下，最多只是在人類誕生以後，特別是，聖王誕生以後的事情。這也是在暗示著〈三德〉與《詩經》和《書經》的類似性吧。此外，有關《詩經》、《書經》

結　語

　　以上，本章就上博楚簡〈三德〉的思想史的特徵與意義進行了探討。〈三德〉在思想史上最大的特性，是把上天、上帝作爲世界的主宰者來尊敬的天的思想。

　　上天、上帝察知人爲的良否，降下與此相應的禍福的天人相關思想，是在中原成立的《詩經》、《書經》中具有特徵性的思考方法。因此，本稿認爲〈三德〉與周王室之間是具有一定的關係的。

　　而且，如此的天人關係，實際上在其他的上博楚簡中也可見到。例如，在〈魯邦大旱〉與〈柬大王泊旱〉中，把旱魃作爲天降的災禍，另外，在〈昭王與龔之脽〉中，吳侵略楚，被當做天降的「禍」。旱魃等大災害以及國都被奪取等戰禍，反映了天降重罰的這種意識。〔註10〕在這點上，與〈三德〉中論述的，不善的人爲被上天、上帝所感應，作爲天的報復、嚴懲，招致「土地乃坼，民人乃喪」，或「其身不沒，至於子孫」，或「必復之以憂喪」等結果基本上是相同的。在《詩經》《書經》中可以見到的可認爲是中原類型的天的思想，如此也傳到了楚簡中。

　　　的天（上天、上帝）的思想和〈太一生水〉、〈恒先〉的宇宙論的比較，請參
　　　照淺野裕一先生的〈上天・上帝信仰と沙漠の一神教〉（《中国研究集刊》露
　　　號（第四十號），二〇〇六年）。
〔註10〕關於這點，請參照腳注 5 揭示的拙稿〈代代相傳的先王故事—〈昭王與龔之脽〉
　　　的文獻性質—〉。

第三章　戰國楚簡與儒家思想
——「君子」的含義

序　言

「人不知而不慍，不亦君子乎」。

如《論語》學而篇開頭一章中可見到的一般，「君子」是儒家思想中最重要的詞語之一。本稿中，將從以近年不斷被公冊的戰國楚簡為線索，對儒家思想中的「君子」加以考察。

第一節　戰國楚簡中的「君子」

〈季康子問於孔子〉、〈君子為禮〉、〈弟子問〉均為《上海博物館藏戰國楚竹書（五）》（馬承源主編，上海古籍出版社，2005 年 12 月）一書中所收的儒家文獻。〈季康子問於孔子〉是以魯的季康子和孔子的問答形式，講述了關於「君子大務」的文獻。〈君子為禮〉的篇名是基於頭簡中的「君子為禮」四字而起的擬稱，是以君子的言行作為一個主題的。另外，〈弟子問〉也是由孔子和弟子的對話構成的，其中含有關於「君子」的問答。這三個文獻在均把「君子」作為重要話題一點上具有很大的共同之處。

首先，在〈季康子問於孔子〉中，是從以下的問答開始的〔註1〕。

〔註 1〕 關於〈季康子問於孔子〉的竹簡的連接問題，福田哲之的〈上博楚簡〈季康子問於孔子〉の編聯と構成〉（《戰國楚簡研究 2006》《中國研究集刊》別冊

01 季康子問於孔子……，請問，君子之從事者於民之 02【上，君子
之大務何。孔子曰，仁之】德，此君子之大務也。康子曰，請問，
君子在民 03 之上，執民之中，施教於百姓，而民不服焉，是君子之
恥也。

在此季康子問道：「從事政治的君子在面對人民時，他最大的任務是什麼」？
對此，孔子答道：「以道德來慈愛人民，是君子的主要任務」。也就是說，季
康子心頭所念的是爲政者的君子，孔子也說以德來慈愛人民，教化人民是君
子的任務。而且，還說如果得不到人民的信賴則是君子的恥辱。

另外，下一節也顯示了作爲君子的條件。

15A 孔子曰，言則美矣。然 09 異於丘之所聞。丘聞之，臧文中有言
曰，君子強則遺，威則民不 10A 道，鹵（？）則失眾，猛則無親，
好刑則 10B 不祥，好殺則作亂。是故賢人之居邦家也，夙興夜寐，
19 降（？）岂以比，民之勸（？）美，棄惡毋歸。

在此，孔子以引用臧文中的話的形式，敘述了「君子強則遺，威則民不道」。
也就是，以不實行強權政治是君子的重要條件。接下來，強烈否定了，「鹵」、
「猛」、「好刑」、「好殺」等喪失人民信賴，招致國家混亂等要素。反之，作
爲被讚美的要素，列舉了「夙興夜寐，降岂以比」等勤勉的姿態。

如此，作爲具有高尚道德性的爲政者「君子」像，在〈季康子問於孔子〉
中被一以貫之。

・11B 孔子 18A 辭曰，子之言也已重。丘也聞，君子 05 面（？）
事皆得。其勸而強之，則邦有幹。

・23 然則邦平而民隨矣。此君子從事者之所商趨（？）也。

在前一段中，孔子說，「君子」勤勉於政治，則「邦」就有了主幹。在後一段
中，雖然由於竹簡的連接方式未詳，不能確定是誰的發言。但是，其內容還
是在講述「君子」的存在，可以導致國家的平穩和人民和睦。

接下來，看一下〈君子爲禮〉的開頭部分〔註2〕。

特集第 41 號〉，2006 年）中有詳細的分析。在竹簡的排列問題上，本稿就是
基於其分析的結果。此外，以下 01，02 等數字是《上海博物館藏戰國楚竹書》
的釋文所示的竹簡號碼，？是同釋文中未詳的難讀字，【】是補缺字的地方。

〔註 2〕 關於〈君子爲禮〉，淺野裕一在〈上博楚簡《君子爲禮》和孔子素王說〉（《戰
國楚簡研究 2006》《中國研究集刊》別冊特集第 41 號〉，2006 年）中有詳盡
的分析。

01 顏淵侍於夫子。夫子曰，回，君子爲禮，以依於仁。顏淵作而答
日，回不敏，弗能少居。夫子曰，坐，吾語汝。言之而不義，02 口
勿言也。視之而不義，目勿視也。聽之而不義，耳勿聽也。動而不
義，身毋動焉。顏淵退，數日不出。

首先對顏回，孔子從「君子爲禮，以依於仁」開始說起，對不明眞意的顏回，
孔子對其說明眞意的場面設定十分明確。孔子的解說是，關於「不義」之物，
不說，不看，不聽，不動。但是顏回不能理解，在退出孔子處後，「數日不
出」。

其後，儘管還有斷簡和連接未詳的部分。但大致內容，可以推測出是孔
子在向顏回說明關於「君子」的情況。

04【顏】淵起逾席曰，敢問何謂也。夫子【曰】，知而【能】信，斯
人欲其 09 B 也。貴而能讓，【則】斯人欲長貴也。

在此，孔子對於顏回的疑問，回答道：「如果有智慧也不炫耀而能示以誠意，
人們就會願其……，如果有尊貴的身份也不炫耀而能示以謙遜的態度，人們
就會願其長爲貴人」。這部分也可以推測爲是解說君子的主要條件的部分。
「知」和「貴」（尊貴的身份）被作爲君子的基本條件這　點非常重要。

其後的續簡內容如下。

・05 凡色毋憂，毋佻，毋作，毋搖，毋……。

・06 凡目毋遊，定見是求。毋欽毋去，聽之晉徐，稱其眾寡。

・08【其在】廷則欲齊齊，其在堂則……

第五簡是關於人的容色的敘述。不可以顯示出憂鬱，輕率，羞恥，動搖等表
情。而且，第六簡中「凡目毋遊，定見是求。」也在敘述要警戒目光的遊走
不定。第八簡敘述在朝廷中的態度應該有條不紊。

在此，沒有直接出現「君子」這個詞語。可是，如果注重前後文關係，
從〈君子爲禮〉的開頭部分的文意來推測，這些都是關於作爲爲政者的，理
想的君子進行論述的內容。

接下來，〈弟子問〉又如何呢？〈弟子問〉中殘簡很多。幾乎全部竹簡的
連接尚未確定。只是，關於各個竹簡，有時可以見到比較有條理的句子。

11 宰我問君子。子〔註3〕曰，予，汝能愼始與終，斯善矣，爲君子

〔註 3〕　原釋文中，作爲「宰我問君子。曰」，但是李天虹《〈上博（五）〉零識三則》
　　　　（武漢大學簡帛網，2006 年 2 月 26 日）中稱，這個「子」的右下角可稍微看

乎。24〔註4〕汝焉能也。

以上第 11 簡和第 24 簡中，宰我對孔子提出了「君子」是什麼的問題。孔子答道「能夠愼始與終，就是善。就可以稱爲君子。不是你可以做到的」。宰我（名予，字子我）是孔門十哲之一，長於言語，辯論，仕於齊，爲都大夫。在以《論語》爲首的傳世文獻中，沒有關於宰我向孔子問「君子」的記載，但在此文獻中，孔子和宰我之間有如上的問答。

另外關於「愼始與終」的句子，在其他的傳世文獻《左傳》、《禮記》中也有幾乎相同意思的句子。

> ・大叔文子聞之曰，……君子之行，思其終也，思其復也。書曰，
> 愼始而敬終，終以不困（蔡仲之命）。詩曰，夙夜匪解，以事一人
> （大雅・烝民）。（《左伝》襄公二十五年）
> ・子曰，事君愼始而敬終。（《禮記》表記篇）

《左傳》襄公二十五年的例子，是大叔文子對輕易地答應了衛獻公歸國的甯喜進行批判的語句。在此，「愼始而敬終」被作爲是君的行爲。另外在《禮記》中，作爲孔子的話語，「愼始而敬終」被說成是「事君」時的要諦。無論在哪個句子中，都可以認爲是與此〈弟子問〉有類緣性。

如此，上博楚簡〈季康子問於孔子〉、〈君子爲禮〉、〈弟子問〉中的「君子」，可以大致理解爲爲政者（上位者），但是，在〈弟子問〉的一條中，如參考《禮記》的例子的話，可理解爲「事君」者（侍奉君主的臣下）。也就是說，雖然一概稱「君子」，但，是設想爲什麼程度的爲政者呢，在「君子」中是否包含有君主的含義等問題上，還有必要進行愼重的分析。

在這一點上，〈從政〉（《上海博物館藏戰國楚竹書（二）》所收）成爲重要的線索。「從政」是基於內容的擬稱。在這個文獻中，「從政」者「君子」的姿態被作爲主題。在〈從政〉中，把能夠參與國政的優秀的重臣定義爲「君子」。而且，「君子」的言行，不單作爲一種理念被記錄下來的，而是作爲儒家集團自身所必要的「從政」時的具體心得被講述下來〔註5〕。如此「君子」

到的一処短橫「一」不是句讀符號，而是重文號，並釋讀爲「宰我問君子。
子曰」。本稿從之。

〔註 4〕 關於第十一簡和第二十四簡的接續問題，從陳劍〈談談《上博（五）》的竹簡
分篇，拼合與篇聯問題〉（簡帛網，2006 年 2 月 19 日）的看法。

〔註 5〕 有關上博楚簡〈從政〉的詳細情況，請參考拙著《戰國楚簡與秦簡之思想史
研究》（臺灣，萬卷樓，2006 年）第四章・第五章。

的立場言行在以下一段中被很明顯地表現出來。

　　【先】17 人則啓道之，後人則奉相之，是以曰君子難得而易使也。

　其使人器之。小人先之，則絆毀之。【後人】18 則暴毀之，是以曰

　小人易得而難使也，其使人必求備焉。

一看即知，以「是以曰」來描寫的內容，與《論語》子路篇中「子曰，君子
易事而難說也。說之不以道，不說也，及其使人也，器之。小人難事而易說
也。說之雖不以道，說也，及其使人也，求備焉」的內容幾乎相同。

　　但是，如《論語》中，「君子易事而難說也」，「小人難事而易說也」所描
寫的一般。「君子」（或「小人」）與用其者的對比。從部下的角度來看，「君
子」之所以被當作容易服侍的上司，是因爲君子「器之」。也就是說，決不強
行給部下出難題，而是考慮到部下的能力而給於相應的工作。另外，之所以
很難讓君子喜悅，是因爲「說之不以道，不說也」。就是說對於君子，甜言蜜
語和賄賂是行不通的。

　　相對於此，小人之所以很難侍奉，是因爲小人把自己的問題擱置一旁不
管卻一味給部下強出難題，要求部下具備各種能力來對應工作，不能出錯。
而且，之所以說容易讓小人喜悅，是因爲使用不正當手段讓其喜悅是很容易
的事情。

　　這樣，在子路篇中，身居上位者和其部下之間的關係，主要是「事（侍
奉）」「說（讓其喜悅）」等部下的觀點來對照說明其難易的。

　　一方面，〈從政〉中「君子」和「小人」相對比的構造也是一樣的。但是，
君子被高度評價的理由卻是如下所示。首先，當君子自身能力和業績要優於
他人時，不會蔑視或不顧別人，而是對能力較弱的人給予指導，幫其開拓捷
徑，奮發進取。相反，當自身不及他人時，不會去拉後腿，嫉妒他人，而是
盡量去尊重和支持他人。正因爲君子在人際關係上有這些優點，因此（孔子
也）說，君子不是到處都有的，而是很難得、很寶貴的存在。然而一旦發現
其才能而加以錄用，那麼作爲上司來說，用起來就會感覺到得心應手。如果
讓其帶領部下，也不會給部下強出難題，而是可以做到人盡其才。

　　另一方面，小人之所以被批判，其理由如下。如果小人得知他人勝於己
時，爲了確保自身的優勢，會把他人留在現有的位子上，不讓其進一步接近
自己。反之在落後他人時，爲排擠他人不惜造謠中傷。小人是在人際關係上
容易發生很多問題的人，因此（孔子也）說，小人易得，但實際用起來就會

發現異常難用。另外，小人在役使部下時也會只對他人求全責備。

如此，〈從政〉首先分別假設了「君子」和「小人」優於他人和劣於他人等兩種情況，然後論述不管在哪種情況之下，君子都是如何地能構築良好人際關係的人格高尚的人。而小人卻是如何地不適應社會的人。而且，在〈從政〉中，還分別假設了起用「君子」和「小人」時的情況，就起用者上司和被起用者（君子）的關係，及被起用者（君子）和服侍君子的部下之間的關係，連續引用了《論語》子路篇中類似的言語盡力進行說明。也就是說在此，可以說是就發現「君子」的人物（君主）和應該被起用的「君子（從政者）」以及侍奉君子的部下三者之間的關係進行了論述。

只要參考〈從政〉的用例，就可以把「君子」作為「從政」者來理解。此從政者，具體上是指可以左右國政的重臣。也就是，不是君主其人，而是可以定義為統治階層的貴族。而且，對君子的這種認識，可以說在前面所提到的〈季康子問於孔子〉、〈君子為禮〉、〈弟子問〉中也幾乎完全適用。可以認為，季康子所問的，不是君主的姿態，而是君子（從政者）的任務，在〈君子為禮〉和〈弟子問〉中孔子教給弟子們的，也是就作為從政者的君子所說的。

第二節　傳世文獻中的「君子」

那麼這種對「君子」的認識，在其他的傳世文獻中是否也可以通用呢？首先在《書經》中，可見到以下的「君子」和「小人」的對比。

> 茲有苗，昏迷不恭，侮慢自賢，反道敗德，君子在野，小人在位。（虞書·大禹謨）

這是就有關有苗的無道進行論述的一段，本來應該是在位者的「君子」卻在「野」，相反本應該是在「野」人物的「小人」卻就了「上」位的意思。因此，在此的「君子」能理解為上位者的意思。可以說這是一個把君子的本來含義很直接地表達出來的例子。

像如此表達了「君子」本來含義的例子，在《墨子》中也可以見到。是故子墨子曰：「今天下之王公大人士君子，請將欲富其國家，眾其人民，治其刑政，定其社稷，當若尚同之不可不察，此之本也」。（尚同中）

這個「王公大人士君子」，也是表示作為為政者身份的吧。根據這段中的

記載，具體上相當於「君子」的，不是王和君主，而是公卿和士大夫。

在「君子」表示上位者這一點上，接下來的《孝經》的例子也是同樣的。

　・子曰，……不在於善，而皆在於凶德，雖得之，君子不貴也。君
　　子則不然。言思可道，行思可樂。德義可尊，作事可法，容止可
　　觀，進退可度，以臨其民。是以其民畏而愛之，則而象之。故能
　　成其德教，而行其政令。詩雲，淑人君子，其儀不忒。（聖治章）

　・子曰，君子之教以孝也，非家至而日見之也。教以孝，所以敬天
　　下之為人父者也。教以悌，所以敬天下之為人兄者也。教以臣，
　　所以敬天下之為人君者也。詩雲，愷悌君子，民之父母。非至德，
　　其孰能順民如此其大者乎。（廣至德章）

前者敘述了君子的言行給與人民巨人的影響。用適當的言行「臨其民」，人民
就會敬愛為政者，政令就會被實行。後者，君子論說了教給人民孝悌的重要
性，引用詩歌的形式，把「愷悌君子」表現為「民之父母」。無論哪個，都是
作為統治人民的上位者（為政者）的君子的例子。

此處的君子，具體上說，是表示國家的重臣（公卿大夫階層的人物），在
不是指君主自身這一點上，《孝經》中以下的例子可作參考。

　子曰，君子之事上也，進思盡忠，退思補過，將順其美，匡救其惡。
　故上下能相親也。詩雲，心乎愛矣，遐不謂矣。中心藏之，何日忘
　之。（事君章）

從章名即可推測，在此的「君子」是指站在侍奉「上」的立場上的人物。其
中論述在侍奉君主之際，只有竭力盡忠或匡正謬誤才是君子。這可以說是顯
示了作為正確的從政者的君子。

那麼，在記錄孔子的言行最多的《論語》中，「君子」該如何理解呢？關
於這點需注目的是，橋本高勝在《從天罰到人怨》（1990 年，啓文社）中的如
下見解。就是說，關於《論語》的言說，有必要分為向「君主」期求「君子」，
和向「在野人士」期求應該出來做官的「君子」兩種情況來看待。這種說法，
是以「君子」的原義是君主，後來變成了在野的具有高尚人格者的見解為前
提的。

那麼，能否把《論語》中的君子，也如此明快地分為兩類呢？在此，如
果仔細地分析一下《論語》就會發現，還是該理解為「從政者」的例子居多。
下面就列舉一下這些例子。

①子謂子產。有君子之道四焉。其行己也恭，其事上也敬，其養民也惠，其使民也義。（公冶長）

②曾子曰，可以託六尺之孤，可以寄百里之命，臨大節而不可奪也。君子人與，君子人也。（泰伯）

③子路從而後。遇丈人以杖荷蓧。子路問曰，子見夫子乎。丈人曰，四體不勤，五穀不分，孰爲夫子。植其杖而芸。子路拱而立。止子路宿，殺雞爲黍而食之，見其二子焉。明日子路行以告。子曰，隱者也。使子路反見之。至則行矣。子路曰，不仕無義。長幼之節，不可廢也。君臣之義，如之何其廢之。欲絜其身，而亂大倫。君子之仕也，行其義也。道之不行，已知之矣。（微子）

④子夏曰，君子信而後勞其民。未信，則以爲厲己也。信而後諫。未信，則以爲謗己也。（子張）

⑤子張問於孔子曰，何如斯可以從政矣。子曰，尊五美，屏四惡，斯可以從政矣。子張曰，何謂五美。子曰，君子惠而不費，勞而不怨，欲而不貪，泰而不驕，威而不猛。子張曰，何謂惠而不費。子曰，因民之所利而利之。斯不亦惠而不費乎。擇可勞而勞之，又誰怨。欲仁而得仁。又焉貪。君子無眾寡，無小大，無敢慢。斯不亦泰而不驕乎。君子正其衣冠，尊其瞻視，儼然，人望而畏之。斯不亦威而不猛乎。子張曰，何謂四惡。子曰，不教而殺，謂之虐。不戒視成，謂之暴。慢令致期，謂之賊。猶之與人也，出納之吝，謂之有司。（堯曰）

①是有關鄭的子產的評論。孔子列舉了君子的四個主要條件，雖然是間接的，但卻是把子產作爲君子來表揚的內容。

接下來②稱，足以託付「六尺之孤」也就是幼小的君主的人物才是君子。這也是在假定了有能力實行攝政的重臣時的論述。

③是說，和隱者相遇的子路對隱者評論道，如此隱居的生活缺乏社會性，君子之所以出來做官，是欲行使社會的大義。在這個評論的前提中，也存在有活躍在政治世界中的人物是君子，這樣一個意識。

如此，作爲從政者的君子像變得更加明瞭的例子是④和⑤。

在④中，首先論述了君子在得到人們的信任後役使人民的必要性。然後接著說，「信而後諫」。也就是說，君子在作爲治理人民的爲政者的同時，也

是侍奉上司的臣下。可以說正是假定了作爲從政者的君子。

在⑤中，子張問孔子說，「何如斯可以從政矣」，孔子回答中，列舉了「尊五美，屏四惡」的主要條件。更具體地說，如「君子惠而不費，勞而不怨，欲而不貪」一樣，將其主要條件，作爲君子的姿態加以說明。可知此處的君子被理解成爲了「從政」者。

另一方面，幾乎找不到把君子明顯地作爲君主來理解的例子〔註6〕。而且，《論語》中的君子是否單指在野的具有高尚人格者也很值得懷疑。一看上去好像是可以如此理解的例子，其實還是理解爲上述的「從政者」比較妥當。這個觀點實際上通過其他學派對儒家進行的批判也能夠得以證實。讓我們看一下《墨子》的例子。

> 又曰，「君子若鍾，擊之則鳴，弗擊不鳴」。應之曰，「夫仁人事上竭忠，事親得孝，務善則美，有過則諫，此爲人臣之道也。今擊之則鳴，弗擊不鳴，隱知豫力，恬漠待問而後對，雖有君親之大利，弗問不言，若將有大寇亂，盜賊將作，若機辟將發也，他人不知，己獨知之，雖其若親皆在，不問不言。是夫大亂之賊也。以是爲人臣不忠，爲子不孝，事兄不弟，交，遇人不貞良。夫執後不言之朝物，見利使己雖恐後言，君若言而未有利焉，則高拱下視，會嘖爲深，曰，『唯其未之學也』。用誰急，遺行遠矣。夫一道術學業仁義者，皆大以治人，小以任官，遠施周偏，近以脩身，不義不處，非理不行，務興天下之利，曲直周旋，利則止，此君子之道也。以所聞孔某之行，則本與此相反謬也」。（非儒下）

抓住儒家「君子若鍾，擊之則鳴，弗擊不鳴」的言語，墨家展開了嚴厲的儒家批判。

本來服侍上位者而盡忠，服侍雙親而盡孝時，遇善則讚，遇過則諫才是人臣之道。然而，所謂「擊之則鳴，弗擊不鳴」，則是極端消極的態度，隱藏餘力，不能說是在盡忠。

〔註6〕　但是，微子篇的「周公謂魯公曰，君子不施其親，不使大臣怨乎不以，故舊無大故，則不棄也。無求備於一人」，要略微注意一下。這是周公對其子，成爲魯的君主即將赴任的伯禽敍述關於「君子」的思想準備的內容，即不要忘記親族，對大臣，不可以使之因爲不被起用就起怨恨之心等。也就是說，在這個例子中，是可以把「君子」作爲「君主」來理解的，而不是孔子和其弟子們的言說，應該作爲例外來考慮吧。

　　墨家是在「君子」爲「人臣」的前提下，作出了這樣的論述。墨家不是就君主或在野的人格高尚者進行論述的，而是設定爲在朝廷中接受君主下問的臣下，來進行儒家批判的。

　　從墨家的這個論述，也可以推測到儒家的君子是被理解爲從政者的吧。儒家集團認爲如果被起用爲其他國家的重臣，參與國政，就可以實現儒家的理想。因而作爲君子的主要條件，特別是對「義」的重視也就是理所當然了。

・子曰，君子之於天下也，無適也，無莫也。義之與比。（里仁）

・子曰，君子喻於義，小人喻於利。（里仁）

・子曰，君子義以爲質，禮以行之，孫以出之，信以成之。君子哉。
　（衛靈公）

・子路曰，君子尚勇乎。子曰，君子義以爲上。君子有勇而無義，
　爲亂。小人有勇而無義，爲盜。（陽貨）

・子路曰，不仕無義。長幼之節，不可廢也。君臣之義，如之何其
　廢之。欲絜其身，而亂大倫。君子之仕也，行其義也。道之不行，
　已知之矣。（微子）

此處的「義」，已經不只是原有的正義的意思，而是在此基礎上又加入了儒家所認爲的理想。儒家在他國做官，在成爲從政者之際，不是準備去殉職於其國家或其君主，在根本上還是尊重儒家的理想「義」。之所以作爲君子的主要條件的「義」被尊重，正是與儒家這種姿態有密切的關係。

　　也就是說，可以推斷在《論語》中，反映了儒家自身作爲「君子」即「從政者」，去參與國政的這樣一個意識。

第三節　「君子」和孔子

　　那麼，到底對於儒家來說，具體上是如何去認識「君子」的呢？

　　在此，讓我們從新分析一下《論語》中君子。首先，有時在《論語》中，很明顯在把君子想定爲一個特定的人物來論述。

①子謂子賤。君子哉，若人。魯無君子者，斯焉取斯。（公冶長）

②子謂子產。有君子之道四焉。其行己也恭，其事上也敬，其養民也
　惠，其使民也義。（公冶長）

③曾子有疾。孟敬子問之。曾子言曰，鳥之將死，其鳴也哀。人之將
　死，其言也善。君子所貴乎道者三。動容貌，斯遠暴慢矣。正顏色，

斯近信矣。出辭氣，斯遠鄙倍矣。籩豆之事，則有司存。（泰伯）

④司馬牛憂曰，人皆有兄弟。我獨亡。子夏曰，商聞之矣。死生有命，
　富貴在天。君子敬而無失，與人恭而有禮，四海之內，皆兄弟也。
　君子何患乎無兄弟也。（顏淵）

⑤南宮适問於孔子曰，羿善射，奡盪舟，俱不得其死然。禹稷躬稼而
　有天下。夫子不答。南宮适出。子曰，君子哉，若人。尚德哉，若
　人。（憲問）

⑥子曰，直哉，史魚。邦有道如矢，邦無道如矢。君子哉，蘧伯玉。
　邦有道則仕，邦無道則可卷而懷之。（衛靈公）

①把弟子子賤評價爲「君子哉，若人」。子賤是孔子的弟子，據說在任魯單父
的宰後，施行善政。可以說正是從政者的典型人物。如此直接的表現在⑤⑥
中也可以見到。⑤中，對於南宮适，孔子評價說「君子哉，若人」。⑥中，對
於衛大夫蘧伯玉去留的樣子，孔子評價道「君子哉，蘧伯玉」。②如前所述，
是讚揚鄭的子產的內容。在③中，魯的重臣孟敬了看望得了重病的曾子之際，
曾子對孟敬子敘說道，象閣下一樣的君子在人道中所貴者有三。在④中，對
於因爲沒有兄弟而憂慮的司馬牛，子夏敘述了君子如何還有必要爲沒有兄弟
的事煩憂。③④均爲間接地，把孟敬子和司馬牛當作君子論說。

　　這樣，在《論語》中，確實有指名道姓地稱呼特定的人物，或者假定某
個人物，稱其爲君子的場合。這些人是孔子優秀的弟子和他國的重臣。

　　那麼，孔子自身就沒有被看成過是君子嗎？的確，如下所示，在《論語》
中有孔子明確地自稱還不及「君子」的段落。

①子曰，文莫吾猶人也。躬行君子，則吾未之有得。（述而）

②大宰問於子貢曰，夫子聖者與。何其多能也。子貢曰，固天縱之將
　聖，又多能也。子聞之曰，大宰知我乎。吾少也賤。故多能鄙事。
　君子多乎哉，不多也。（子罕）

③子曰，先進於禮樂，野人也。後進於禮樂，君子也。如用之，則吾
　從先進。（先進）

④子曰，君子道者三。我無能焉。仁者不憂，知者不惑，勇者不懼。
　子貢曰，夫子自道也。（憲問）

①在中，孔子說「躬行君子，則吾未之有得」，敘述了關於君子的實踐，自己
還沒有做到。在②中，被揶揄爲在「鄙事」上「多能」的孔子說，是因爲自

己小的時候家裏貧窮，所以得多藝，而君子沒有必要多能。在③中，在比較了周王朝初期的禮樂和後世的禮樂，孔子說前者較樸素，後者是君子（比較洗練），並宣言說自己更尊重前者的樸素。④是說，君子之道有三個重要的東西，但孔子自己卻哪個都不具備〔註7〕。似乎可以認爲，以上幾條均在講述孔子自己不是君子。

然而，在《論語》中，還可以看到把孔子設定爲「君子」的，他人的言論。

①儀封人請見曰，君子之至於斯也，吾未嘗不得見也。從者見之。出曰，二三子何患於喪乎。天下之無道也久矣。天將以夫子爲木鐸，（八佾）

②陳司敗問。昭公知禮乎。孔子曰，知禮。孔子退。揖巫馬期而進之曰，吾聞，君子不黨。君子亦黨乎。君取於吳爲同姓。謂之吳孟子。君而知禮，孰不知禮。巫馬期以告。子曰，丘也幸。苟有過，人必知之。（述而）

③在陳絕糧。從者病，莫能興。子路慍見曰，君子亦有窮乎。子曰，君子固窮。小人窮，斯濫矣。（衛靈公）

④陳亢問於伯魚曰，子亦有異聞乎。對曰，未也。嘗獨立。鯉趨而過庭。曰，學詩乎。對曰，未也。不學詩，無以言。鯉退而學詩。他日，又獨立。鯉趨而過庭。曰，學禮乎。對曰，未也。不學禮，無以立。鯉退而學禮。聞斯二者。陳亢退而喜曰，問一得三。聞詩，聞禮，又聞君子之遠其子也。（季氏）

⑤佛肸召。子欲往。子路曰，昔者由也，聞諸夫子。曰，親於其身爲不善者，君子不入也。佛肸以中牟畔。子之往也，如之何。子曰，然，有是言也。不曰堅乎。磨而不磷。不曰白乎。涅而不緇。吾豈匏瓜也哉。焉能繫而不食。（陽貨）

⑥子貢曰，君子亦有惡乎。子曰，有惡。惡稱人之惡者。惡居下流而訕上者。惡勇而無禮者。惡果敢而窒者。曰，賜也，亦有惡乎。惡徼以爲知者。惡不孫以爲勇者。惡訐以爲直者。（陽貨）

〔註7〕只是，緊接其後有「子貢曰，夫子自道也」。關於其解釋有多種不同的看法，但是，從其「老師在很謙遜地論述自己」的說法上，也可理解爲先生不是他人就是君子。有關孔子與君子的關係問題將在後面進行論述。

在①中，一個相當於衛國儀邑的出入境管理官員（封人）的人想見到孔子一行，說道，「君子之至於斯也，吾未嘗不得見也」。這番話是在承認孔子是君子的前提下所說的吧。②是說，陳的司法大臣（陳司敗），在評論庇護魯昭公的孔子時說道，聽說君子不黨，但君子（孔子）還不是在庇護他人嗎？雖稍有諷刺的意味，但在前提上還是把孔子視為了君子。③是，孔子一行在陳絕糧七日，陷入困境之際，子路責問道，「君子亦有窮乎」，對此孔子答道，「君子固窮」。以子路的口吻，把「君子」置換成孔子也是完全可以說通的。④是，陳亢向孔子的兒子伯魚詢問孔子的教育。對於伯魚的回答，陳亢高興地說，「問一得三。聞詩，聞禮，又聞君子之遠其子也」。此處的所謂「君子」，除了「其子（伯魚）」的父親孔子之外別無他人。⑤是說，晉大夫佛肸招聘孔子，孔子將欲應招時，子路不滿地說，以前聽老師說過，「親於其身為不善者，君子不入也」。可以推測，這與上面的③同樣，是子路對孔子不滿的表現。同樣在⑥中，也是弟子在問孔子時，直接不稱作子（先生）的例子。子路問道「君子亦有惡乎」。這不是對一般「君子」的籠統的提問，而是可以理解為在問，老師您也有憎恨人的事嗎？

　　如上所述，在《論語》中，可以見到他人把孔子設定為「君子」的情況。但實際上，也有孔子自己把自身暗示為「君子」的例子。

　　①子曰，學而時習之，不亦說乎。有朋自遠方來，不亦樂乎。人不知
　　　　而不慍，不亦君子乎。（學而）

　　②子欲居九夷。或曰，陋。如之何。子曰，君子居之，何陋之有。（子
　　　　罕）

　　③子路曰，衛君待子而為政，子將奚先。子曰，必也正名乎。子路曰，
　　　　有是哉，子之迂也。奚其正。子曰，野哉，由也。君子於其所不知，
　　　　蓋闕如也。名不正，則言不順。言不順，則事不成。事不成，則禮
　　　　樂不興。禮樂不興，則刑罰不中。刑罰不中，則民無所錯手足。故
　　　　君子名之，必可言也。言之，必可行也。君子於其言，無所苟而已
　　　　矣。（子路）

關於①阮元認為是在論述關於孔子自身的一章，這個觀點可以作為參考〔註8〕。

────────────────

〔註8〕　《揅經室集》中，有「人不知者，世之天子諸侯皆不知孔子，而道不行也。
　　　　不慍者，不患無位也。學在孔子，位在天命。天命既無位，則世人必不知矣，
　　　　此何慍之有乎。孔子五十而知天命者，此也。此章三節皆孔子一生事實，故

────────────────

「人不知而不慍」的「君子」的姿態，被認爲本身就是孔子的人生。②中感嘆亂世，慾如去夷狄之地的孔子說，即使是蠻夷之地，如果「君子」居住的話，周圍也會被感化，哪裏還與鄙俗之事呢？去蠻夷之地居住的「君子」，在此是假想爲孔子自身而言的吧。在③中，孔子說在政治上首先應該著手去做的事是「正名」。並說明其理由是，「君子名之，必可言也。言之，必可行也。君子於其言，無所苟而已矣」和「正名」是政事的最重要的基礎。在此，雖然只是假想，但所謂慾實踐「正名」的「君子」，除了孔子自己以外別無他人。

如上所述，在《論語》中，也可以見到孔子暗示自己就是君子的言論。如果結合上述諸例綜合考慮，就可以充分認爲對於當時的儒家集團和《論語》的撰寫者以及讀者來說，很有可能把君子像和孔子像重合在了一起。孔子的弟子門人們，正是基於這樣具體的君子形象，把其言行當作自己的目標的吧。

而且，這樣作爲從政者的君子，以及具體上以孔子形象爲准的君子，似乎也被後世繼承下來。

例如，在《孟子》中有「孟子曰，君子之厄於陳蔡之間，無上下之交也」，把困在陳蔡之間孔子稱爲君子。與前面所指出的《論語》衛靈公篇中的例子相同。即使對於後來的儒家，所謂君子也不是他人而正是意味著孔子其人〔註9〕。

結　語

本章探討了在戰國楚簡中頻繁出現的「君子」一詞的用例，並且綜合以《論語》爲首的傳世儒家系統文獻，對其中「君子」的含義進行了重新考察。

在儒家文獻中經常把「君子」作爲重要的話題之一，其中之所以有時從政治的含義上進行論述，是與儒家集團自身的意識，活動有密切的關係。所謂「君子」，不僅僅是把具有高尚人格者作爲一種理念型的東西提出來，而是

弟子論撰之時，以此冠二十篇之首也。二十篇之終曰，不知命，無以爲君子，與此始終相應也」。

〔註9〕　如此君子的理解，在戰國楚簡中也可以得以驗證。筆者已就郭店楚簡〈六德〉中所見的「君子」加以探討。關於郭店楚簡〈成之聞之〉中記載的「君子」，郭沂推測是指子思，但那是基於含〈六德〉、〈成之聞之〉的郭店楚簡儒家文獻是子思學派或思孟學派著作的這樣一個判斷之上的假說。對此，筆者還留意了傳世文獻和郭店楚簡〈六德〉〈成之聞之〉，指出了對其著作者以及讀者而言，可能此處所說「君子」並非他人，而正意味著孔子。詳細論述，請參考拙著《戰國楚簡與秦簡之思想史研究》（臺灣，萬卷樓，2006 年）第三章。

顯示了儒家自身迫切追求的「從政者」像。而其「君子」的具體形象，則可以認爲，很有可能是強烈意識到了孔子的形象。

第四章　〈顏淵問於孔子〉
　　　　與儒家系統文獻形成史

序 言

　　2011 年,《上海博物館藏戰國楚竹書》第八分冊得以刊行。其中,含有以
〈顏淵問於孔子〉爲題的儒家系統的古逸文獻(竹簡 14 枚)。其內容是關於
顏淵向孔子詢問「君子從事國內政治時有怎樣的道路」的事情。文章的一部
分與《論語》有類似之處,但竹簡混亂較多,解讀起來較爲困難。

　　本章首先列舉出該文獻的釋文,以確認文獻整體的含義。其次,是考察
該文獻中顏淵的形象和孔子集團的特色。另外還通過與傳世儒家文獻的對
比,明確該文獻的思想特徵,同時陳述對先秦時期儒家系統文獻形成過程的
觀點。

第一節　〈顏淵問於孔子〉概要

　　首先,確認一下竹簡的形制。

①該竹簡,因附著在泥塊的表層,所以發生了損壞和散逸,能夠確認
　的竹簡共 14 簡。除此之外,還有存在殘簡的可能性。

②從完簡第七簡以及其他竹簡的現狀進行綜合分析可知,簡長爲 46.2
　cm,寬 0.6 cm,厚 0.12 cm。

③竹簡的兩端平齊,三道編繩。

④契口在右端，各竹簡上端至第一契口爲 2.6 cm，從第一契口到第二契口爲 20.5 cm，第二契口到第三契口爲 20.5 cm，第三契口到下端爲 2.6 cm。

⑤文字記錄在第一契口到第三契口之間，各簡 31 字左右。總字數 313 字。其中合文 7，重文 6。

⑥本篇爲儒家的佚文而非篇題，「顏淵問於孔子」爲基於首句的擬稱。但事實上「顏淵問於孔子」並非首句，其上方還有一字左右的缺損。而且，此簡也有可能並非首簡。

第二節 〈顏淵問於孔子〉釋讀

原釋文（濮茅左氏整理），共爲 14 簡，並且從 1 排列至 14，但復旦吉大古文字專業研究生聯合讀書會則提出如下的重排方案。

1+（12A+2B）+（2A+11+12B）+5+6+7+9+10

據此重排方案，雖然留有意思不連貫的竹簡 3、4、8、13、14，但到第十簡的文意大致通順，因此，以下就從此方案進行釋讀。

另外，雖然第十簡末尾大致上可認爲是文本的末尾，但原釋文認爲以下尚有脫文，聯合讀書會則認爲與第八簡的文意相連。

原文：

□。顏淵問於孔＝（孔子）曰：「敢問君子之內事也有道乎。」

孔＝（孔子）曰：「有。」

顏淵：「敢問何如。」

孔＝（孔子）曰：「敬又（宥）征（過），而【1】【先】有司，老＝（老老）而慈幼，豫絞而收貧，祿不足則請，有餘則辭。【12A】敬又（宥）征（過），所以為樂也。先【2B】【有】司，所以【2A】得情。老＝（老老）而慈幼，所以處仁也。豫絞而收貧，所以親【11】也。祿不足則請，有餘【12B】則辭，所以明信也。蓋君子之內事也如此矣。」

顏淵曰：「君子之內事也，回既聞命矣。敢問【5】君子之內教也有道乎。」

孔＝（孔子）曰：「有。」

顏淵：「敢問何如。」

孔＝（孔子）曰：「修身以先，則民莫不從矣。前【6】以博愛，則民莫

遺親矣。導之以儉，則民知足矣。前之以讓，則民不爭矣。或（又）迪
而教【7】之，能＝（能能），賤不肖而遠之，則民知禁矣。如進者勸行，
退者知禁，則其於教也不遠矣。」

顏淵曰：「【9】君子之內教也，回既聞矣＝（矣已）。敢問至明（名）。」

孔＝（孔子）曰：「德成則名至矣。名至必卑身＝（身，身）治大則（則
大）祿【10】。

殘簡：

　　〔君子讓〕而得之，小人爭而失之。【8】

　　示則斤，而母（毋）穀（欲）旻（得）安（焉）。【14】

　　㰚（素？）行而信，先尻（處）忠也，貧而安樂，先尻（處）【13】

　　內矣。庸言之信，庸行之敬【4】

　　必不在茲之內矣。顏淵西【3】

文章大意：

顏淵向孔子詢問道：「敢問，君子在從事國內政治時是否有應取之道
呢？」

孔子說：「有。」

顏淵說：「敢問是怎樣的道？」

孔子說：「慎重寬恕過失，使官吏率先而行，尊敬老人慈愛幼兒，延緩
徵稅收容貧困者，俸祿不足則申請，有餘則辭退。慎重寬恕過失，是
為了作為快樂。使官吏率先而行，是為了得到實情。尊敬老人慈愛幼
兒，是為了處於仁德。延緩徵稅收容貧困者，是為了得到親近。俸祿
不足則申請，有餘則辭退，是為了明確信任。我想君子從事國政就是
這樣的。」

顏淵說：「關於君子從事國政一點，我已經請教過您了。敢問君子在國
內教導人民時，是否有應取之道？」

孔子說：「有。」

顏淵說：「敢問是怎樣的道？」

孔子說：「如果能修養自身並率先而行，則民眾必定會追從。積極地去
博愛民眾，則民眾就不會忘記親愛之情。以勤儉的精神來教導民眾，
則民眾就會知足。以謙讓的精神引導民眾向前，則民眾就不會有爭執。

在教導民眾時，如果能將有能力者作爲有能力者予以承認，並以不肖
者爲卑賤對其進行疏遠，則人民就會知道何爲禁（鼓勵做什麼和不鼓
勵做什麼）。如果進者積極行動，退者知禁，那麼離其教導目的的實現
就不遠了。」

顏淵説：「我向您請教了有關君子在國內進行教導時的事情。敢問有關
至名的事情。」

孔子説：「德如果完成名就自然會到來。名如果到來，必定會卑躬低身。
如果這樣自身得以治理，就能得到大的俸祿。」

連接未詳的殘簡部分的文章大意：

〈第八簡〉

君子謙讓而（由於謙讓相反會）獲得，小人爭奪而（由於爭奪相反會）
失去。

〈第四簡〉

日常的言語除去虛僞，日常的行動需要謹慎。

語注：

內事：國內的政事。《穀梁傳》莊公十一年，「公敗宋師於鄑。內事不言
戰，舉其大者，其日，成敗之也」。宮中之事。《周禮》春官·世婦中，「凡內
事有達於外官者，世婦掌之」。宗廟的祭祀，或祭祀內神（一家之神）。《禮記》
曲禮下中，「踐阼臨祭祀內事曰孝王某，外事曰嗣王某」。但原釋文作爲一説
讀「入事」，陳偉進一步讀爲「入仕」，黃人二·趙思木同意此説。但因顏淵
的第二個問題爲「內教」，此處也當以「內事」對應方佳。

敬又（宥）征（過）：「征」字，原釋文讀「正」，聯合讀書會謂待考。蘇
建洲讀「禍」，黃人二、趙思木讀「苟有荒」，難取其意。而鄭公渡讀「過」，
以此句爲「敬宥過」。在此從之。

豫絞：從聯合讀書會，讀「豫絞」，取免除賦税之意。而黃人二、趙思木
認定爲「豫絞」，並讀爲「逸勞」，認爲是使勞動者休息之意。

內教：陳偉與開始的「入仕」相對應，讀「入教」，然「使教化深入人心」
之理解頗爲勉強。因該段是在説君子如何教導教化國內的民眾，所以還是應
讀爲「內教」。

能〓（能能）：黃人二、趙思木接前句讀爲「教之以能」，但在此，還是重

視重文符號，讀「能能」，取將有能力者作爲有能力者予以公正評價的意思。

矣゠（矣已）：原釋文，解爲「矣已」。聯合讀書會以「゠」爲衍字，黃人二・趙思木改爲「命矣」。確然，與開頭顏回的「回旣聞命矣」相比較，此處並無「命」字重文符號變得多餘，但沒有必要勉強與前句對應。

第三節　顏淵形象的特色

在該文獻中，首先引人注目的是，向孔子提問的是顏淵這一點。在此，首先來確認一下傳世文獻中有代表性的顏淵形象。

①子曰：「回也其庶乎，屢空。賜不受命，而貨殖焉，億則屢中。」（《論語》先進）

②孔子曰：「賢哉回也。一簞食，一瓢飲，在陋巷，人不堪其憂，回也不改其樂。」（《史記》仲尼弟子列傳）

③孔子謂顏回曰：「回，來。家貧，居卑，胡不仕乎。」顏回對曰：「不願仕。回有郭外之田五十畝，足以給飦粥。郭內之田十畝，足以爲絲麻。鼓琴足以自娛，所學夫子之道者，足以自樂也。回不願仕。」（《莊子》襄王）

④顏淵問於孔了曰：「淵願貧如富，賤如貴，無勇而威，與士交通，終身無患難，亦且可乎。」孔子曰：「善哉回也。夫貧而如富，其知足而無欲也。賤而如貴，其讓而有禮也。無勇而威，其恭敬而不失於人也。終身無患難，其擇言而出之也。若回者，其至乎。雖上古聖人，亦如此而已。」（《韓詩外傳》卷十）

⑤顏淵問爲邦。子曰：「行夏之時，乘殷之輅，服周之冕，樂則韶舞。放鄭聲，遠佞人，鄭聲淫，佞人殆。」（《論語》衛靈公）

如此，顏淵在傳世文獻中，通常被描寫爲不願出仕（接受俸祿）而寧願過清貧生活的形象。其中最著名的，應該是上述資料①②中的孔子之言吧。資料③④也同樣，特別是在資料③中，顏回明言不願仕官。如此一面，最終形成了常虛懷若穀的具有道家性質的顏淵形象。

那麼，顏淵是否就對政治全無關心？有關此點，具體上還不太明確，但如資料⑤，在《論語》中也有對「治邦」方法進行提問的部分。這樣看來，在傳世文獻中，顏淵雖然主要是過著與政治背道而馳的清貧生活，但也具有

對政治稍有關心並向孔子請教的一面。

　　一方面，在此〈顏淵問於孔子〉中登場的顏淵，就「內事」、「內教」、「至名」等與爲政有很深關聯的內容接連向孔子提問。因此，〈顏淵問於孔子〉中的顏淵形象，可以說是強調了顏淵實際上對政治也抱有很大的關心的一面。〈顏淵問於孔子〉的特色，首先可以從這點上得到答案。

第四節　儒家與爲政

　　接下來要注意的是，問答的內容。「內事」、「內教」、「至名」等，均爲設想在國內進行政治活動時的提問，明確顯示了以爲政爲目標的儒家集團的現狀。特別是，在論述有關接受俸祿一點上，在《論語》中也是值得注目的一點。

　　　①子張學干祿。子曰：「多聞闕疑，慎言其餘，則寡尤。多見闕殆，慎
　　　　行其餘，則寡悔。言寡尤，行寡悔，祿在其中矣。」（《論語》爲政）
　　　②子曰：「君子謀道不謀食。耕也，餒在其中矣。學也，祿在其中矣。
　　　　君子憂道不憂貧。」（《論語》衛靈公）
　　　③公曰：「祿不可後乎」。子曰：「食爲味，味爲氣，氣爲志，發志爲言，
　　　　發言定名，名以出信，信載義而行之，祿不可後也。」（《大戴禮記》
　　　　四代）
　　　④賢能失官爵，功勞失賞祿，爵祿失則士卒疾怨，兵弱不用，曰「不
　　　　平」也。不平則飭司馬。（《大戴禮記》盛德）

如資料①中所見，《論語》中想學習有關謀求俸祿的方法的，是孔子的弟子子張。孔子雖然規誡這種露骨的態度，但並不是對謀求俸祿本身進行否定。如資料③④中可見，在儒家系統的傳世文獻中也明確地論述了俸祿的重要性。而且，在〈顏淵問於孔子〉中，孔子也說如俸祿不足則提出請求，多餘則辭退是顯示信用的方法。

　　儒家集團，絕不是純粹的學術研究的集團。而是認爲要通過成爲爲政者來在世上實現自己的理想。因此，謀求俸祿，也即仕官是一個大前提。此文獻，可以說是充分體現了儒家集團的這一性質。

第五節　儒家系統文獻的形成

　　最後需要注意的是，在此文獻中可見到與《論語》、《孝經》、《易》、《禮

記》、《仲弓》、《荀子》等具有部分類似內容一的點。以下，就來看一下這部
分內容。

①敬又（宥）徎（過），而【先】有司，老＝（老老）而慈幼
　　・仲弓爲季氏宰，問政。子曰：「先有司，赦小過，舉賢才。」（《論
　　　語》子路）
　　・老老慈幼，先有司，舉賢才，宥過赦罪。（上博楚簡〈仲弓〉）
②修身以先，則民莫不從矣
　　・欲政之速行也者，莫若以身先之也。欲民之速服也者，莫若以道
　　　御之也。（《大戴禮記》子張問入官）
③前以博愛，則民莫遺親矣。
　　・先之以博愛，而民莫遺其親。陳之於德義，而民興行。先之以敬
　　　讓，而民不爭。導之以禮樂，而民和睦。示之以好惡，而民知禁。
　　　（《孝經》三才）
　　・公曰：「寡人雖無似也，願聞所以行三言之道，可得聞乎。」孔子
　　　對曰：「古之爲政，愛人爲大。所以治愛人，禮爲大。所以治禮，
　　　敬爲大。敬之至矣，大昏爲大，大昏至矣。大昏既至，冕而親迎，
　　　親之也。親之也者，親之也。是故君子興敬爲親，舍敬，是遺親
　　　也。弗愛不親，弗敬不正。愛與敬，其政之本與。」（《禮記》哀
　　　公問）
　　・子曰：「夫民教之以德，齊之以禮，則民有格心。教之以政，齊之
　　　以刑，則民有遯心。故君民者子以愛之，則民親之。信以結之，
　　　則民不倍。恭以涖之，則民有孫心。」（《禮記》緇衣）
④導之以儉，則民知足矣。
　　・九曰以度教節，則民知足。（《周禮》地官司徒・大司徒）
⑤前之以讓，則民不爭矣。
　　・大司徒之職……，而施十有二教焉。一曰以祀禮教敬，則民不苟。
　　　二曰以陽禮教讓，則民不爭。三曰以陰禮教親，則民不怨。四曰
　　　以樂禮教和，則民不乖。（《周禮》地官司徒・大司徒）
⑥德成則名至矣。名至必卑身＝（身，身）治大則（則大）祿
　　・故曰，貴名不可以比周爭也，不可以誇誕有也，不可以埶重脅也，
　　　必將誠此然後就也。爭之則失，讓之則至。遵道則積，誇誕則虛。

　　故君子務脩其內，而讓之於外。務積德於身，而處之以遵道。如
　　是，則貴名起如日月，天下應之如雷霆。故曰，君子隱而顯，微
　　而明，辭讓而勝。（《荀子》儒效）
⑦俑（庸）言之信，俑（庸）行之敬
　　·庸言之信，庸行之謹。（《周易》乾·文言傳）
　　·庸言必信之，庸行必慎之。（《荀子》不苟）

其中，特別是資料①的文章，與《論語》子路篇和上博楚簡〈仲弓〉也有類
似，均在論述政治的要訣。而②，則論述了爲政者一方通過修身率先而行，
才能使民眾追從，與《大戴禮記》的記述相似。③則是論述積極博愛民眾，
則民眾就會不忘親愛之情，具有與《孝經》和《禮記》極爲相似的句子。另
外，在⑥中，論述了得到名聲後，通過降低姿態，反而能得到大的俸祿。一
看令人想起《老子》的思想，但也如上所述，從中可見到與儒家系統文獻的
《荀子》相類似的思想。

　　這種類似現象應該如何看待呢？這些文獻，正顯示了在儒家系統文獻形
成的過程中，曾存在過各種橫跨諸文獻的不同傳承。

　　例如，就資料①而言，可以推測爲，《論語》並不是收集孔子的言語後直
接成爲完成體的，而是弟子們把各自保存的孔子的言語記錄到複數的文獻
中，這些略有不同的言語被傳承下來後，最終作爲《論語》編纂了出來。可
以推測，《論語》的編纂有過複雜的過程。另外，就資料⑦而言，雖接續未詳，
但如果《周易》傳的成立先行於〈顏淵問於孔子〉的話，就有可能是孔子及
其弟子們學習《易》，並將與其類似的言語記錄到了此文獻中。

　　上博楚簡〈顏淵問於孔子〉和傳世儒家文獻的類似現象，表明了儒家系
統文獻通過相互間不斷影響而形成的狀況。

第二部分

上博楚簡楚王故事文獻研究

第五章　上博楚簡〈莊王既成〉的「預言」

序　言

　　《上海博物館藏戰國楚竹書》第六分冊（馬承源主編，上海古籍出版社，2007 年 7 月）中收錄有數篇記載春秋時期楚王與太子的相關文獻。本章就其中〈莊王既成〉篇加以全文釋讀，並考察其文獻之基本特徵與著作意圖。

　　行文之初，謹從《上海博物館藏戰國楚竹書》第六分冊說明，對該篇〈莊王既成〉竹簡形制略加說明如下。〈莊王既成〉篇與同冊所收〈申公臣靈王〉篇共計竹簡 9 簡，以第四簡墨釘爲界，此前爲〈莊王既成〉篇，此後則爲〈申公臣靈王〉篇。

　　該篇竹簡簡長 33.1～33.8 ㎝，簡寬 0.6 ㎝，簡厚 0.12 ㎝。悉爲完簡。簡端平齊。編繩兩道。竹簡右側有契口。簡頭至上契口約 8.9～9.5 ㎝，上契口至下契口約 15 ㎝。下契口至簡末約 9.2～9.3 ㎝。每簡滿寫，上下無留白。

　　每簡字數不一，首簡至第三簡各 26 字，至第四簡墨釘爲止書 11 字，4 簡共計 93 字。第一簡背面有自題篇題「莊王既成」4 字。

第一節　〈莊王既成〉釋讀

　　首先徑錄〈莊王既成〉篇原文並現代文略譯如下。此原文以《上海博物館藏戰國楚竹書》第六分冊原釋文（陳佩芬氏釋讀）爲基礎，參酌相關研究

者見解，並據筆者己見最終確定。相關文字認定、釋讀，行文之後略加語注說明。01、02 等數字爲竹簡編號，以「▪」標識墨釘。

原文：

01 莊王既成無射，以問沈尹子桱曰：「吾既果成無射，以供春秋之嘗，以 02 待四鄰之賓。吾後之人，幾何保之」。沈尹固辭，王固問之。沈尹子桱答 03 曰：「四與五之間乎」。王曰：「如四與五之間，載之傳車以上乎。抑四舸以 04 逾乎」。沈尹子桱曰：「四舸以 04 逾」▪。

文章大意：

楚莊王鑄造了十二律之一的無射大鐘，問沈尹子桱曰：「我業已鑄造無射大鐘，以此大鐘供祭祖先，招待周邊諸國之賓客。如此，我此後之楚王蓋能永保此大鐘歟」。沈尹固辭不獲，王強問之，遂答曰：「蓋四世至五世之間」。王曰：「若在四世至五世之間，蓋將謂載此無射之驛車驅馳至中原諸國乎，抑或以四舸之大船順流運至長江下游諸國乎？」沈尹子桱言答曰：「蓋以四舸之大船順流運至長江下游諸國。」

語注〔註1〕：

莊王：春秋時楚王。前 613～前 591 年在位。「三年不蜚不鳴」（《史記·楚世家》）後漸次平定諸國，又問周定王鼎之輕重，遂成春秋五霸之一。該篇記其謚號，是以該文獻之書寫年代當在莊王歿後。

無射：原釋文讀爲「無矢（敵）」。疑乃據篇題「莊王既成」四字，釋此爲「莊王既成，無敵」。但是，若從此讀則上文「成」字無賓語，且下文「載」所載爲何物亦不詳所指。是以，篇題未必即爲句讀標識。例如，與本篇同收錄《上海博物館藏戰國楚竹書》第六分冊之〈愼子曰恭儉〉篇，誠然第三簡背面有篇題「愼子曰恭儉」5 字。然不過爲方便起見截取篇首 5 字而已，就其文意，則與下文繫聯。「曰」所指內容，不僅「恭儉」2 字而已。是以，陳偉改讀「無鐸」，謂「鐸」爲「射」之通假字。並指出曾侯乙編鐘銘文中亦將「無

〔註 1〕 以下所引諸氏見解，悉見諸網絡：陳偉〈讀《上博六》條記〉，凡國棟〈讀《上博楚竹書六》記〉，何有祖〈讀《上博六》箚記〉，董珊〈讀《上博六》雜記〉，蘇建洲〈初讀《上博（六）》〉，沈培《上博》字詞淺釋。以下爲避免行文繁瑣，僅揭諸氏姓名並其見解要點。就諸文之詳，請參看《簡帛網（武漢大學簡帛研究中心）》（http：//www.bsm.org.cn/index.php），《簡帛研究》（http：//www.jianbo.org/）等。

射」書爲「無鐸」、「無斁」。故茲從陳偉說。文中乃指鑄成無射大鐘（音階 12 律之一）。又如陳偉所指出，古書中有著名的周景王鑄無射故事（《左傳·昭公 21 年》、《國語·周語下》）。

　　沈尹子桱之「沈」字：原釋文隸定爲「酖」字，同時原釋文推測即爲《呂氏春秋》中所記載之「沈尹莖」。誠如其所述，《呂氏春秋·不苟論贊能》篇中曾對襄助莊王成就霸業、居功甚著的沈尹莖給予高度讚揚〔註2〕。

　　果成：原釋文隸定爲「果城（成）」。並謂其中「果」字當從《孟子·梁惠王》篇「君走，以不果來也」趙岐注「果、能也」之訓。

　　春秋之嘗之「嘗」：指以其年新成之穀物祭祀祖先之靈。「嘗烝」（《禮記·王制》篇）指天子、諸侯於其祖先之祭祀。秋所行者爲嘗，冬所行者爲烝。本篇「供春秋之嘗」乃指將鑄成之無射大鐘用於祭祀祖先之禮。

　　待四鄰之賓：原釋義讀爲「侍四鄰之賞」。其意蓋謂四方隣國之賞（贊）。其義難解。此從何有祖、李學勤、沈培等讀「待」、從蘇建洲讀「賓」，釋爲將無射用於款待周邊諸國賓客之宴席之上。與上句相同，同以「以～～」、「以～～」的句型結構，分二句表達莊王鑄成無射之後，喜出望外，汲汲使用之情。

　　吾後之人之「吾」：乃據文意所補。此文原簡不詳，無法釋讀。陳偉讀爲「吾」，凡國棟則讀爲「朕」。皆指莊王以後之人（王）意。

　　幾何保之：原釋文讀爲「豈可保之」，但以此反問讀之，下文回答頗不自然。此從陳偉釋，讀爲「幾何」，表示疑問，文意較佳。

　　四與五之間：此文乃與本篇主題至關重要之文。原釋文援引《周易·習坎》文，於意無取。此處蓋預言莊王之後四、五世楚王，即不能維持目下之盛況，而現在鑄成大鐘（無射）也最終將會易主他國。莊王以後之歷代楚王即如此。又，陳偉、董珊、凡國棟等亦皆謂「四、五」指楚王世數。

　　〈王名〉　　　　　　　　〈在位年〉
　　莊王　　　　　　　　　　前 613～591

〔註2〕　孫叔敖、沈尹莖相與友。叔敖遊於郢三年，聲問不知，修行不聞。沈尹莖謂孫叔敖曰：「說義以聽，方術信行，能令人主上至於王，下至於霸，我不若子也。耦世接俗，說義調均，以適主心，子不若我也。子何以不歸耕乎。吾將爲子遊」。沈尹莖遊於郢五年，荊王欲以爲令尹，沈尹莖辭曰：「期思之鄙人有孫叔敖者，聖人也。王必用之，臣不若也」。荊王於是使人以王輿迎叔敖以爲令尹，十二年而莊王霸，此沈尹莖之力也。功無大乎進賢。（《呂氏春秋·不苟論贊能》）

共王（莊王子）	前 590～560
康王（共王子）	前 559～545
郟敖（康王子）	前 544～541
靈王（公子圍、康王弟）	前 540～529
訾敖（公子比、康王弟）	前 529
平王（棄疾、康王弟）	前 528～516
昭王（平王子）	前 515～489
惠王（昭王子）	前 488～432
簡王（惠王子）	前 431～408

載之傳車以上乎：四、五世之後大鐘（無射）為人所奪，然而是載諸傳車（驛車）亡去乎？即預示楚終將為中原之國所滅亡。

抑：原釋文隸定爲「殹」，讀爲「也」，解爲「繫」（語助詞）之意。但此字用於句首頗覺唐突。茲從凡國陳說釋爲「噫」或「抑」，解作前句與後句相連之助辭，「抑或、或許」之謂。

「四舸以逾乎」：原釋文釋爲「四舿（軻）以逾乎」，原釋文注釋謂「舿」爲「舸」之古文，並引《方言》：「南楚江湘、凡船大者謂之舸」。句謂四、五世後無射大鐘爲人所奪，載諸大船而去乎？是預示楚國將爲長江流域之國所滅。此即爲楚昭王十年（前五〇六）吳師入郢之預言。楚昭王十年，吳王闔閭帥軍拔楚都郢，楚遂遷都。陳偉指出《淮南子・泰族訓》有云：「闔閭伐楚，五戰入郢，燒高府之粟，<u>破九龍之鐘</u>，鞭荊平王之墓，舍昭王之宮。」

又，逾字，原釋文援《說文》「進」之義，謂其乃《尚書》中「越」之義。陳偉則據其他簡帛並《國語・吳語》中「下」之訓，謂此文中乃「順水而下」之義。結合前句「載之傳車以上乎」之「上」字，「下」字正與之相應，訓釋甚得。

第二節　「無射」與預言

下文考察本篇主題與著作意圖。爲理解本篇內容，《國語・周語下》中所載景王故事作爲重要對比材料頗值得關注。

周景王（前544～前520在位）在位之21年（前524年）欲鑄造「大錢」（大型貨幣）。王之卿士單穆公進諫，謂如此則奪民之財貨而徒增災害。王

不聽,卒鑄大錢〔註3〕。其後 2 年,景王又欲鑄造 12 律之一之無射大鐘〔註4〕。
單穆公又諫言云:「三年之中,而有離民之器二焉,國其危哉」,認為繼二年
前鑄「大錢」一事之後,王又行招致民心離叛之行為,是終將導致國家危難
〔註5〕。

　　景王遂問樂官伶州鳩。伶州鳩立足音樂理論,也對鑄造無射大鐘表現出
為難之情〔註6〕。景王最終仍然堅持鑄造無射之鐘。24 年大鐘鑄成,鐘聲一度
調和,卻正如伶州鳩所預言,「三年之中,而害金再興焉,懼一之廢也」,25
年,王駕崩,鐘聲不和〔註7〕。

　　又《左傳‧昭公 21 年》中所見伶州鳩之言則更為直接預言出王之死。

> 二十一年,春,天王將鑄無射。泠州鳩曰:王其以心疾死乎。夫樂,
> 天子之職也。夫音,樂之輿也。而鐘,音之器也。天子省風以作樂,
> 器以鐘之,輿以行之。小者不窕,大者不摦,則和於物,物和則嘉
> 成。故和聲入於耳而藏於心,心億則樂。窕則不咸,摦則不容,心
> 是以感,感實生疾。今鐘摦矣。王心弗堪,其能久乎?

昭公 21 年(前 521)伶州鳩預言,鑄造無射大鐘之景王將因心臟之疾死去。
之所以如此,乃是因為音樂調和則聽之入心,能使心氣安寧而愉悅;與此相
比,無射這樣過於響亮洪邁的聲音則震撼人心,引起疾病。果然,景王翌年
死於心臟疾病。

　　上述景王故事中,鑄造無射大鐘一事有兩點不吉。其一,財政壓迫。大

〔註3〕　景王二十一年,將鑄大錢。單穆公曰:「不可。……且絕民用以實王府,猶塞
　　　　川原而為潢汙也,其竭也無日矣。若民離而財匱,災至而備亡,王其若之何?
　　　　吾周官之於災備也,其所怠棄者多矣,而又奪之資,以益其災,是去其藏而
　　　　翳其人也。王其圖之」。王弗聽,卒鑄大錢。(《國語‧周語下》)

〔註4〕　二十三年,王將鑄無射,而為之大林。(《國語‧周語下》)

〔註5〕　出令不信,刑政放紛,動不順時,民無據依,不知所力,各有離心。上失其
　　　　民,作則不濟,求則不獲,其何以能樂,三年之中,而有離民之器二焉,國
　　　　其危哉。(《國語‧周語下》)

〔註6〕　今細過其主妨於正,用物過度妨於財,正害財匱妨於樂,細抑大陵,不容於
　　　　耳,非和也。聽聲越遠,非平也。妨正匱財,聲不和平,非宗官之所司也。(《國
　　　　語‧周語下》)

〔註7〕　二十四年,鐘成,伶人告和。王謂伶州鳩曰:「鐘果和矣」。對曰:「未可知也」。
　　　　王曰:「何故」。對曰:「上作器,民備樂之,則為和。今財亡民罷,莫不怨恨,
　　　　臣不知其和也。且民所曹好,鮮其不濟也。其所曹惡,鮮其不廢也。故諺曰,
　　　　「眾心成城,眾口鑠金」。三年之中,而害金再興焉,懼一之廢也」。王曰:「爾
　　　　老耄矣。何知!」二十五年,王崩,鐘不和。(《國語‧周語下》)

鐘鑄造需要大量經費，遂成爲國家經濟重負。繼 21 年鑄造「大錢」之後，鑄造無射大鐘，遂使得經濟失敗，民心離叛，是爲失策。

又一則在音樂理論問題。景王「將鑄無射，而爲之大林」，即鑄造無射大鐘，欲作大林之大鐘而爲之罩〔註8〕。據單穆公與伶州鳩之說，無射爲陽聲之細音、大林則爲陰聲之大音，如此則二者相反，無法聽聞其聲〔註9〕。

因之，伶州鳩諫言：「今細過其主妨於正，用物過度妨於財，正害財匱妨於樂」〔註10〕。如其直言，伶州鳩對於鑄造無射大鐘，從「財」與「樂」兩方面予以否定，斥其爲愚行。

現在將上述故事暫且放下，重返〈莊王既成〉篇。莊王鑄造無射，問沈尹子桱曰：「我業已完成鑄造無射，以此大鐘用作春秋之嘗祭，招待周邊諸國之賓客。我此後楚王能永保此大鐘否。」問題的意思平明易解。不過，作爲話語結構卻略有強制意味。莊王既鑄無射大鐘，遂用諸祭祀與宴席之中，卻質疑能夠寶用之至何時。得意之心情與一抹不安交錯其間。雖然作爲引起下文沈尹子桱之言必要之策略，但卻感覺頗不自然。

對此下問，沈尹子桱始則固辭其答。蓋因知曉其中不祥答案之故。但是王強要其答復。無奈，子桱答曰「蓋四世至五世之間。」是預言莊王以後，4～5 代即不能維持現下之隆盛，而鑄造完成之大鐘（無射）終極易主。莊王以後之 4～5 代，正值楚國迎來危機之平王、昭王時代〔註11〕。昭王 10 年（前

〔註8〕　韋昭注：「景王二十三年，魯昭二十年也。賈侍中云，無射，鐘名，律中無射也。大林，無射之覆也。作無射，爲大林以覆之，其律中林鍾也」。然此文亦存別說。

〔註9〕　單穆公諫言云：「且夫鍾不過以動聲，若無射有林，耳弗及也。夫鍾聲以爲耳也，耳所不及，非鍾聲也」，伶州鳩則謂：「物得其常曰樂極，極之所集曰聲，聲應相保曰和，細大不逾曰平。……今細過其主妨於正，用物過度妨於財，正害財匱妨於樂，細抑大陵，不容於耳，非和也。聽聲越遠，非平也」。《國語》韋昭注亦云「若無射復有大林以覆之。無射，陽聲之細者也。林鍾，陰聲之大者也。細抑大陵，故耳不能聽及也」。

〔註10〕　今細過其主妨於正，用物過度妨於財，正害財匱妨於樂。……若夫匱財用，罷民力，以逞淫心，聽之不和，比之不度，無益於教，而離民怒神，非臣之所聞也。（《國語·周語下》）

〔註11〕　莊王以下諸王次序爲：共王、康王（共王之子）、郟敖（康王之子）、靈王（公子圍，康王之弟）、訾敖（公子比，康王之弟）、平王（棄疾，康王之弟）、昭王（平王之子）。其中郟敖爲公子圍所弒，短命而終，訾敖也於靈王後即位不久即自殺，皆未稱「王」。因此，自共王起，第四代王爲平王，第五代王爲昭王。

506），爲吳王闔閭所侵，國都郢陷落，爲諸事之最甚者。而伍子胥鞭平王之墓屍，亦即此時之事。

對此預言，王之反應甚爲不可思議。並無拒絕或駁論，反而欲聞其詳。問曰，既然4、5代後大鐘（無射）易主，爲人所奪，那麼，究竟是載諸傳車（駅車）而去——楚國終將爲中原之國所滅，抑或爲大船載去——楚國將爲長江流域諸國所滅？〈莊王既成〉篇中所載沈尹子桱之答「四舸以逾」，以此文終結全篇。

是以，〈莊王既成〉篇中，莊王鑄造無射大鐘與沈尹不祥之預言形成一組對應關係。而文中並未言及無射之鑄造何以不祥。就其背景，蓋因已認識到前揭《國語・周語》以及《左傳・昭公21年》之解說。即由「財」與「樂」兩方面言之，無射之鑄造乃爲不祥。沈尹子桱因已經知曉此事，故此固辭其答。

第三節　〈莊王既成〉篇之成立

該文獻究竟何時著作而成，其著作日的又爲何？〈莊工既成〉篇與其後之〈申公臣靈王〉篇爲同編之竹簡。是以，關於該篇文獻之特徵，應當結合兩篇作綜合性考察；至少兩篇同是楚王相關對話，雖然徑以墨釘劃分兩篇而連貫書寫。其詳容別稿再作申述。此處僅仍以〈莊工既成〉篇爲對象繼續分析。

首先〈莊王既成〉篇成立之上限當在莊王在位年之紀元前613～591年。而其下限當爲上博楚簡之抄寫時代，即戰國時代中期（紀元前300年左右）。那麼，〈莊王既成〉篇之成立究竟在這一區間之中哪一階段？這一問題蓋與如何理解沈尹子桱之預言密切相關。易言之，這一預言究竟作於莊王時代，抑或此後楚國瀕臨滅亡爲難之際所作？

篇首莊王之問「吾後之人，幾何保之」，若視其爲莊王時之實錄，應屬可能。然下文莊王所問「載之傳車以上乎，抑四舸以逾乎」當如何理解？此蓋以中原諸國與長江流域諸國之兩大威脅爲預設之言。

誠然，當時中原霸主晉爲楚之極大威脅。莊王時嘗有邲之戰（前597年）〔註12〕。但是，長江流域吳之軍事威脅逐漸彰顯，則在「吳始伐楚」（《左傳・成公7年》）之前584年以降。此則非楚莊王時期，而值此後之共王以降時代。

〔註12〕　又，《説苑・君道》篇中記載有大夫指斥晉楚爲敵國之言：「楚莊王好獵，大夫諫曰，「晉楚敵國也。楚不謀晉，晉必謀楚。今王無乃耽於樂乎？」」。

雖然相鄰接大國本身之存在即爲潛在之威脅，但是對於莊王時期，將晉吳並列而直言其威脅，卻無此必然性。楚國遭受吳國之威脅，乃在此後之昭王時代。

這一時代之環境描寫見於《說苑·權謀》篇。

> 晉人已勝智氏，歸而繕甲砥兵。楚王恐，召梁公弘曰：「晉人已勝智氏矣。歸而繕甲兵。其以我爲事乎？」梁公曰：「不患。害其在吳乎。夫吳君恤民而同其勞，使其民重上之令，而人輕其死以從上使。如虖之戰，臣登山以望之，見其用百姓之信必也。勿已乎。其備之若何。」不聽，明年，闔廬襲郢。

上文楚臣梁公弘諫言楚昭王，與其擔心晉之侵攻，毋寧擔心吳國之威脅，應當防備吳國之進攻〔註13〕。故事中，最終昭王未能接納梁公弘諫言，其翌年，乃爲吳王闔閭攻破郢都。因此，可知對於楚國而言，晉、吳能夠並列作爲威脅，當在昭王時期。

而此篇于昭王期以降成立，又有多少可能性？楚昭王10年及其後年，國都郢二度爲吳所奪，旋又歸還。此乃因吳、越相爭，無暇對楚作戰所致。其後，吳經歷與越長期作戰，於前473年滅亡，爲楚所併吞。而晉亦與前453年爲三家貴族韓、魏、趙掌握實權，陷入三分之境。進入戰國時代，中國成爲七雄割拠之勢，而楚最大軍事威脅乃是西方之秦。

是以，晉與吳得以作爲兩大威脅並存時期，最有可能即爲楚昭王時期至繼任惠王（前488～432年在位）初期。雖然也有更後來追述當時故事之可能，但不得不說寫作動機較弱，而文獻成立的必然性也大大降低。

因此，〈莊王既成〉篇極有可能就在遭受昭王時期國難之際，于昭王時代或稍後著作而成。該文獻唯有對於這一時期讀者，才有最爲切實之意義。

又，若著眼于文章之中，則沈尹子桱之回答「四與五之間乎」，初見之下頗爲曖昧。此則蓋基於實際預言之上所作僞飾之言。若其答覆一語道破，當在昭王時代，則過於露骨。而莊王問曰「載之傳車以上乎，抑四舸以逾乎」，以及沈尹子桱所答「四舸以逾」，則並非直指吳王闔閭攻破楚國，致使其國都陷落，而是意味深遠之發言。此處也可感觸至著作者之意圖。若預言過於直

〔註13〕 關於這一故事，既如《說苑纂註》所指出，晉殺智伯之年（前453）與吳王闔閭攻佔楚都郢（前506）之間有時代錯誤。但是，仍可據信此乃對昭王時期晉、吳乃楚國軍事威脅之文獻資料。

截了當，則擔心使得讀者掃興而懷疑說話本身是否乃是捏造。因此，著作者欲通過敘述這一意味深長之預言，而賦予其深度。

　　據此考察，則該文獻之著作意圖已經不言自明。昭王時期國都陷落之危機，已經在約百年前之莊王時代做出預言。這一對話結構，暗示出昭王時期之國難並非僅僅因昭王自身失政所致，更可追溯至五代之前楚王之時代，其中更有其淵源所在。一躍而爲春秋五霸之莊王斷然鑄造無射大鐘。這一行爲由「財」與「樂」兩方面言之，均當加以否定。無射之鑄造象徵了莊王之失政與驕慢。是以，國家危機之萌芽蘊含于其高潮時期。此蓋即爲該文獻主旨所在。而危難在歷經百年的歲月之後，於寂靜之中悄然而至。

　　這一預言結構對話習見於《左傳》與《國語》之中。雖然預期五代（約百年後）之預言並不多見，但在如《國語・周語中》之中，仍可見到單子對魯大夫滅亡之預言。

> 定王八年，使劉康公聘於魯，發幣于大夫。季文子、孟獻子皆儉，叔孫宣子、東門子家皆侈。歸，王問魯大夫孰賢。對曰：「季、孟其長處魯乎，叔孫、東門其亡乎。若家不亡，身必不免」。……王曰：「幾何？」對曰：「東門之位不若叔孫，而泰侈焉。不可以事二君。叔孫之位不若季孟，而亦泰侈焉。不可以事三君。若皆蚤世猶可。若登年以載其毒，必亡。」

周定王 8 年，周派遣劉康公出使魯國。其時，魯季文子與孟獻子均質樸，而叔孫宣子與東門子家則奢汰。定王聞此報告，向單子請教，魯大夫之中，誰爲賢者。單子預言說，季文子與孟獻子將長居於魯國，而叔孫宣子與東門子家將滅亡。王又問曰：「幾何（多久滅亡）」，單子預言說，東門子蓋不能侍奉二代君，叔孫則不能侍其三代君。

　　上文預言了二代若三代之滅亡。〈莊王既成〉篇中所見預言則較此時間有更長〔註14〕。

〔註14〕　又，凡國棟氏指出傳世文獻多有將國家興亡與世代數字相聯繫說法，如《論語・季氏》篇「孔子曰：天下有道，則禮樂征伐自天子出。天下無道，則禮樂征伐自諸侯出。自諸侯出，蓋十世希不失矣。自大夫出，五世希不失矣。陪臣執國命，三世希不失矣。天下有道，則政不在大夫。天下有道，則庶人不議」，同《季氏》篇「孔子曰，祿之去公室，五世矣。政逮於大夫，四世矣。故夫三桓之子孫，微矣。」不過，諸例皆爲表述國家衰退的固定措辭，與《國語》、《左傳》中針對具體事件的個別預言，性質不同。

　　是以，諸預言對於此後將為政之楚王或太子而言，具有極大教誡意義。無視財政與音律而鑄造無射，即為失政之一例。即便此行為不能立即導致悲劇出現，也終將使得國家陷入危急。該文內容蓋即以上述教誡強行告誡楚國之為政者。

結　語

　　關於本篇主題，原釋文作者陳佩芬氏認為，乃是如何能夠保持霸主地位之事。莊王問霸主之盛可以保持至何時，而沈尹子桱則以《易》之文作答。陳氏認為此答覆乃由《周易》習坎恒語轉化而來，其《象傳》云「習坎，重險也」，即險難重重之義；但此回答對於王之問題無疑不夠明快，似過迂曲。且此後問答之中所「載」之物亦不明何指，文意難通。

　　是以，本篇蓋仍當以莊王之大鐘鑄造與據此沈尹子桱之預言為最大要點所在。沈尹所云乃是基於楚昭王時期國都陷落、滅亡之預言。對於楚王與太子而言，無疑這是極大的教誡之言。

第六章　上博楚簡〈平王與王子木〉
──太子之「知」

序 言

　　本章考察《上海博物館藏戰國楚竹書》第六分冊（馬承源主編，上海古籍出版社，2007 年 7 月）所收〈平王與王子木〉篇，加以解析說明。

　　首先，謹從《上海博物館藏戰國楚竹書》第六分冊之說明，將〈平王與王子木〉篇竹簡形制揭示如下。簡數共五枚。皆為完簡，簡長 33 ㎝，寬 0.6 ㎝，厚 0.12 ㎝。兩道編繩。右契口。簡頭至上契口 9.5 ㎝。上契口至下契口 15 ㎝。下契口至簡末 8.5 ㎝。全簡滿寫，上下不留白。各簡字數 22～27 字，計 117 字。無篇題，「平王與王子木」乃基於篇首文字所定名。

　　關於竹簡編連，釋文以為，2、3、4 簡當相互連續，第一簡與第五簡則未明言。凡國棟則認為，第一簡之後當為第五簡，如此全篇乃得通讀。筆者亦贊同此說，是以下文以 1、5、2、3、4 簡之次第，嘗試解讀全篇文字。

　　又，關於第一簡開頭「晢（知）」字（參看圖示），釋文以為乃是接續前簡（殘缺）之末字；沈培推定，當接續〈平王問鄭壽〉篇第六簡末尾。陳偉則謂乃本編篇題。就此容後再述。

（圖為第一簡簡首部分）

第一節　〈平王與王子木〉釋讀

首先將〈平王與王子木〉原文與現代文翻譯揭之如下。按此處所謂原文乃基於《上海博物館藏戰國楚竹書》第六分冊之原釋文（陳佩芬氏釋文），並參考諸氏見解，最終據筆者己見所確定者。文字認定、釋讀相關問題後附語注加以解說。又 10、20 等數字爲竹簡序號，「■」所示爲原簡墨釘。

原文：

01 知■。〔註 1〕競平王命王子木至城父，過申，煮食於璋寞，成公幹友
05 跪疇中。王子問成公：「此何。」成公答曰：「疇。」王子曰：「疇何
為？」02 曰：「以種麻。」王子曰：「何以麻為？」。答曰：「以為衣。」
成公起曰：「臣將有告，吾先君 03 莊王至河淮之行，煮食於璋寞，醢菜
不爨。王曰：「酪不盍」。先君 04 知酪不盍，醢不爨。王子不知麻，王
子不得君楚，邦國不得。

─────────────

〔註 1〕據《上海博物館藏戰國楚竹書》第六分冊照片圖版，「知」字下有小墨釘，是
　　　以本文作墨釘符號處理。然原釋文似未留意於此，並無注記。

文章大意：

　　知。　　楚平王命王子木（建）赴守（楚北邊）城父。（王子木在往城
父途中）路過申地，於璋竇之地進食。成公幹友坐于麻畑之中。王子
問成公：「此爲何物？」成公答：「麻畑。」王子又問：「麻畑有何用？」
　（成公）答：「種麻之畑。」王子再問：「麻有何用？」（成公）答：「製
作衣服。」成公起身言：「我來告王。我先君莊公曾行軍至河淮，（與
你同樣）於璋竇之地進食，但未煮燻製品。（後莊）王曰：「發酵品不
蓋」（是知莊王熟知俗世瑣事）發酵品不蓋，未煮製薰製品。（而）王
子連麻亦不知。是王子將來恐不能爲楚君，不能得邦國。」

語注〔註2〕：

　　簡首「知」字見後述。
　　競平王：亦見於上博楚簡〈平王問鄭壽〉篇首。「競」字，原釋文在〈平
王問鄭壽〉篇解說部分指出，此字乃平王修飾語，並引《說文》|彊語也」，
又《廣雅・釋詁》|四|競，高也」，謂指「楚平王」。然〈平王問鄭壽〉篇竹
簡相應部分文字不清晰，難以釋讀。或當作他字釋讀。茲暫從原釋文。
　　平王：靈王後之楚王，康王之弟。前528～前516年在位。
　　平王命王子木至城父：楚平王之太子建，因讒言受命守于楚北邊城父之
地。原釋文已指出，此事《史記・楚世家》、《左傳・昭公十九年》有載。
　　煮食於璋竇：文首二字，原釋文解作「暑食」，張崇禮讀作「暑，食於璋
廈」，語意難通。此處從凡國棟說，讀爲「煮食」。「璋竇」未詳何意，或即原
釋文所云地名。蓋指赴「城父」之地。又，何有祖、凡國棟解後一字爲「莬」，
張崇禮則讀爲「廈」，皆以二字爲地名，是其相同之處。
　　成公幹友：「友」字，張崇禮據其他楚簡文字用例讀，今從之。「幹友」
蓋「成公」之名。原釋文釋此字爲「峽」字，陳偉改讀「遇」。又如下文所述，
與此故事頗相近之《說苑・辨物》篇作「成公乾」。
　　跪於疇中：首字原釋文隸定作「聖」，解爲「聽」之意，陳偉讀作「跪」，
張崇禮與之義同，讀爲「坐」。據後文「成公起曰」，則讀爲「跪」或「坐」
乃前後呼應。

〔註2〕　以下所引諸氏見解，皆見諸網絡公開。爲避免行文繁瑣，今僅揭櫫氏名與要
　　　　點。相關論文題目、揭載日期等詳細，請參看《簡帛網（武漢大學簡帛研究
　　　　中心）》（http：//www.bsm.org.cn/index.php）、《簡帛研究》（http：
　　　　//www.jianbo.org/）。

疇：原釋文作「蓍」，解作「草名」，茲參照後述《說苑》文，讀為「疇」。陳偉、凡國棟亦讀為「疇」，並引《禮記·月令》「可以糞田疇」句孔疏中蔡邕「穀田曰田，麻田曰疇」、《國語·周語》下「田疇荒蕪」韋昭注「穀地為田，麻地為疇」語。

莊王：平王前四代之楚王。前613～前591年在位。《上海博物館藏戰國楚竹書》第六分冊中，與莊王相關文獻收錄有〈莊王既成〉一篇。其詳請參看本書第四章。

河淮之行：蓋指向河水、淮水地域行軍之意。「淮」字，凡國棟讀為「雝」，謂通「邕」字，為「澤」之義。陳偉讀為「河雝之行」，謂指《左傳·宣公12年》記載邲之戰事。誠然，晉楚邲之戰，黃河流域為主戰場，楚之輜重部隊駐紮「衡雝」之地，因之此說頗有可能。無論，此文指莊王之行軍殆無疑義。

醯菜不饗：此處因有字難釋，文義也頗難解。原釋文隸定作「醯袈不饗」，張崇禮讀為「酪菜不饗」，以「酪」為「醋（酢）」意，而謂「酪菜不饗」乃《齊民要術》中所云「作酢法」之一，即「甕常以綿幕之，不得蓋」之義。但「酪」與下文「酪不盍」重複，是以茲讀為「醯菜不饗」，大意謂（莊王用膳之際）未用燻製品之義。後句「酪不盍」並此句，蓋皆指食品若調理法相關知識內容。「酪不盍」之「酪」字，原釋文未釋，此從張崇禮說，讀為「酪」。

又，第四簡末尾「王子不得君楚，邦國不得」正書於簡末。此後並無墨鈎等標識，是以難以遽定此處是否為全篇之末尾。如後述所言，《說苑·辨物》篇相應部份作「吾子其不主社稷乎」，其後更有「王子果不立」一句，記其終結。

第二節　《說苑·辨物》篇之故事

關於本篇內容，原釋文指出，《史記·楚世家》、《左傳·昭公19年》皆有楚太子建受命駐守城父之地之記載。本篇肇始部份涉及此事，但下文則並無直接關聯。就此，陳偉指出，《說苑·辨物》篇中記載有相類似故事。

茲將《說苑》內容迻錄如下。

> 王子建出守於城父，與成公乾遇於疇中，問曰：「是何也？」成公乾
> 曰：「疇也。」「疇也者，何也？」曰：「所以為麻也。」「麻也者，
> 何也？」曰：「所以為衣也。」成公乾曰：「昔者莊王伐陳，舍於有
> 蕭氏，謂路室之人曰，'巷其不善乎。何溝之不浚也。'莊王猶知

> 巷之不善，溝之不浚，今吾子不知疇之為麻，麻之為衣，吾子其不
> 主社稷乎」。王子果不立。

是可知，除去細微差異，上文內容與〈平王與王子木〉篇內容幾乎全同。兩者蓋同工異曲之別傳。進步確認其細部差異，則《說苑》中並未記載王子建與成公乾相遇之地名。「疇」與「麻」之問答則完全一致。

問答之後，有若干相異之處。《說苑》作「成公乾曰，昔者莊王伐陳……」，〈平王與王子木〉篇則作「成公起曰，臣將有告。吾先君莊王……」，是成公乾憤而起立，當面向王子木直言之記述。又《說苑》中莊王精於世俗瑣事，有例舉記載道路以及清理水溝之事；〈平王與王子木〉篇雖有難字未釋，難以確定具體內容，但仍有例舉其食物相關知識，是二者相異。

又，成公乾發言後，《說苑》有記載其結果「王子果不立」，未能諳熟世事之王子果然未立為王。相較而言，〈平王與王子木〉篇則並未記載結局，二者又異〔註3〕。

雖然細節有異，但是對話基本框架與主題則二者相同。王子作為王儲接受教育成長。當然在宮中備受教誨，另一方面若不能精於世俗瑣事，也無法理解民心。「疇」為何田，「麻」有何用，如此種種皆不知曉，終究也無法統治國家。

第三節　〈平王與王子木〉之著作意圖

〈平王與王子木〉篇與《說苑・辨物》篇所記載故事大體相同。是以，兩者著作意圖究竟為何？既然內容相同，編著者的意識當然相同。是否可以這樣認為？

《說苑》一書，編者劉向，此書乃為教育成帝而進呈者，以此為明確編纂目的，其中自然反映劉向之政治主張。此為歷來諸家通說〔註4〕。而傳世通行本《說苑》作為宋曾鞏整理之殘本，作為資料仍缺乏可信度。這並非意味現行本《說苑》乃宋代、與原本《說苑》毫無關係之偽作。一般認為，曾鞏所輯本，包括〈反質〉篇在內的十九篇大體得其原書本真〔註5〕。

〔註3〕　但〈平王與王子木〉篇第四簡正好於「邦國不得」結尾，且亦不見墨節等符號。如前所述，此後或仍有可能別簡記載如同《說苑》所見之結束語。

〔註4〕　參照池田秀三《說苑》（講談社，中國の古典，1991 年），高木友之助《說苑》（明德出版社，中國古典新書，1969 年）。

〔註5〕　參照注（4）前揭書以及趙善詒《說苑疏證》（華東師範大學出版社，1985 年）等。

《說苑》中《辨物》一篇，收錄前揭故事。據趙善詒《說苑疏證》（華東師範大學出版社，1985 年）分章，該篇共 32 章，此故事列于最終章。《辨物》篇整體以王子建與成公乾問答為首，另有孔子與顏淵問答（第一章），關於齊景公故事（第九章），「五嶽者何謂也」（第六章），「四瀆者何謂也」（第七章）等關於知識性語句的簡短文句雜錄，更有關於度量衡等知識（第十三章）等。是備載問答體、短文、論說文等各種文體，記載古今「辨物」之內容。蓋作為漢代皇帝帝王學一環，需重視此類「辨物」。

相比之下，〈平王與王子木〉篇究竟是大部文獻中之一篇，抑或是與其他著作統一的著述，皆未詳究竟。但是，考慮到其與同樣記載楚平王相關故事的〈平王問鄭壽〉篇竹簡形制相同，故此已有學者嘗試跳出〈平王與王子木〉篇與〈平王問鄭壽〉篇之區分，重新檢討竹簡之編連。

如〈平王問鄭壽〉篇第六簡末尾「臣弟」。沈培氏讀為「臣弗」，謂當與〈平王與王子木〉篇第一簡首「知」字相連，而其後空白數字，乃進入〈平王與王子木〉篇本文。誠然，〈平王與王子木〉篇第一簡「知」字與其下本文間隔數字，頗不自然。但，若從沈培說，〈平王問鄭壽〉篇末尾，鄭壽以「弗知（不知道）」作答，頗不客氣，更不自然。

又，何有祖氏謂〈平王與王子木〉篇第四簡末尾「邦國不得」當下接〈平王問鄭壽〉篇第七簡。固然，〈平王與王子木〉篇若以第四簡為末簡，當有墨釘墨節等，但因正好本文於竹簡下端終了，已無從確認這一情形。考慮或有兩種可能：因抄寫本文於竹簡末尾正好結束，是以即不再添加墨釘等標記；或者，如同《說苑·辨物》篇一樣，本來此故事結束另有別簡書寫（現已殘缺），於其後則有墨釘等標記。

是上述編連方案所提示，僅為〈平王問鄭壽〉篇與〈平王與王子木〉篇竹簡形制相同，捨此無他。又同書《上海博物館藏戰國楚竹書》第六分冊所收錄〈莊王既成〉、〈申公臣靈王〉篇，也記載楚莊王、靈王相關故事〔註6〕，與〈平王與王子木〉篇不過竹簡長短略有差異，其他形制全同。又竹簡形制雖異，《上海博物館藏戰國楚竹書》第四分冊所收〈昭王毀室〉、〈昭王與龔之脾〉篇亦記載相同楚王故事〔註7〕。據此，則或有可能于上博楚簡之中，有楚

〔註6〕 關於上博楚簡〈莊王既成〉篇，請參看本書第五章《上博楚簡〈莊王既成〉的「預言」》。

〔註7〕 關於上博楚簡〈昭王毀室〉、〈昭王與龔之脾〉，請參看拙著《戰國楚簡與秦簡之思想史研究》（台灣，萬卷樓，2006 年）第七章、第八章。

王相關故事集類之文獻，而本篇亦即其中之一。

　　筆者嘗以〈昭王毀室〉、〈昭王與龔之脽〉兩篇爲對象，推測其讀者對象當爲昭王以後楚之太子或貴族，最爲相應。而此篇〈平王與王子木〉亦有可能乃是楚太子教育之教科書類。未能諳熟世間的王子木（建）最終未能登上王位，而太子珍即位是爲昭王。則該篇假定之讀者，當是昭王時期以及此後之楚太子，最爲合宜。

結　語

　　原釋文作者陳佩芬氏據篇首之語，定此篇名爲「平王與王子木」。但就本文內容言之，則非平王與王子木（太子建）之間事情，而是王子木與成公幹（乾）之間問答。又，其主題亦非平王與王子木之間關係，乃是王子木不能諳熟世情，作爲太子見識不足這一點。而本篇立意則在於，能夠作楚王之人就必須具備這些知識。

　　是以，陳偉推測第一簡簡首「知」字是否爲篇題，誠爲卓見。在既出出土且公開的竹簡文獻中，篇題記載位置大凡兩種。其一，記於竹簡背面。此蓋竹簡收卷保存之際，背面書寫篇題，有其便利之處。〈子羔〉、〈容成氏〉、〈仲弓〉、〈恒先〉、〈內禮〉、〈曹沫之陳〉等篇多爲此例。另一則在簡首、本文行文之前書寫篇題。郭店楚簡〈五行〉篇第一簡簡首有「五行」二字，其後方進入本文。本篇篇題亦當歸入此例，是可推想。

　　又，竹簡背面以一字作爲篇題者，有《上海博物館藏戰國楚竹書》第八分冊所收〈命〉篇。

　　此「知」字是否即篇題？對此問題仍需愼重考察。不過，該文獻以楚太子之才智爲對象則無疑問。

　　又，該文獻見於戰國楚簡，揭示出記載對於王權之訓誡故事集早在春秋時代已經出現。作爲劉向所編訂作爲漢代帝王學書籍的《說苑》的先驅者，此類文獻值得更多重視。

第七章　上博楚簡〈平王問鄭壽〉的諫言與預言

序　言

　　本章考察《上海博物館藏戰國楚竹書》第六分冊（馬承源主編，上海古籍出版社，2007 年 7 月）所收〈平王問鄭壽〉篇，解讀全文，並解析該文獻之主題與著作意圖。

　　首先，謹從《上海博物館藏戰國楚竹書》第六分冊之說明，揭示〈平王問鄭壽〉篇竹簡形制如下。

　　〈平王問鄭壽〉篇共 7 簡。簡長 33～33.2 ㎝，寬 0.6 ㎝，厚 0.12 ㎝。皆為完簡，每簡基本滿寫。簡端平齊，兩道編繩。右契口。簡頭至上契口 9.5 ㎝，上契口至下契口 15 ㎝。下契口至簡末 8.5～8.7 ㎝。第七簡文末有墨鉤與留白，據此知此為末簡。每簡字數 9～28 字，計 173 字。該篇本無篇題，「平王問鄭壽」乃原釋文擔當者陳佩芬氏根據此篇內容所擬定。

第一節　〈平王問鄭壽〉篇釋讀

　　首先將〈平王問鄭壽〉篇原文、現代文翻譯揭示如下。爲行文方便分爲（一）前半、（二）後半二節。按此處所謂原文乃基於《上海博物館藏戰國楚竹書》第六分冊原釋文（陳佩芬氏譯文），並參考諸氏見解，最終以筆者管見所確定者。相關文字認定、釋讀，在文後另附語注加以解說。又，10、20 等數字為竹簡序號，「﹂」標示墨鉤、【　】內漢字乃筆者據文意所補者。

（一）前半釋讀

01 競平王就鄭壽，猷之於宗廟，曰：「禍敗因重於楚邦，懼鬼神以取怒，思 02 先王亡所歸，吾何改而可？」鄭壽始不敢答。王固猷之，答：「諾。毀新都栽陵 03 臨陽，殺左尹宛、少師無忌。」王曰：「不能。」鄭壽【曰】：「如不能，君王與楚邦懼難。」鄭 04 壽告有疾，不事。

文章大意：

楚平王跟隨鄭壽（進入宗廟），問之于宗廟。「災禍連綿降于我楚國，我擔心招致鬼神之怒而使得先王之靈失其歸所。我當如何改善？」鄭壽始固辭不答，王強勉其回答。（鄭壽乃言）。「知矣。毀墮新都之栽陵、臨陽，殺掉左尹宛與少師無忌」。王曰：「不能。」鄭壽曰：「如不能，王與楚邦蓋不免于危難。」（其後）鄭壽告病，不仕。

語注〔註1〕：

競平王：楚平王（前 528～516 年在位）。原釋文讀爲「競坪（平）王」，以爲此「競」字乃修飾平王之語，並引《說文》「彊語也」、《廣雅・釋詁》四「競，高也」之文，指即「楚平王」。但竹簡相應部分文字模糊，難以釋讀，或可釋作他字，故茲暫從原釋文。

鄭壽：原釋文隸定爲「奠壽」，讀爲「鄭壽」，並推測其或即《史記・楚世家》中所見卜尹「觀從」。觀從本蔡大夫觀起之子。觀起爲楚靈王（前 540～529 在位）所殺，子觀從一度亡命至吳，平王即位後，乃返回楚國。平王召回觀從，與之雲：「唯爾所欲」，觀從答希望擔任卜尹，王遂許之。《左傳・昭公 13 年》作「召觀從，王曰：「唯爾所欲。」對曰：「臣之先佐開蔔」，乃使爲卜尹」，《史記・楚世家》作「平王謂觀從，「恣爾所欲。」欲爲卜尹，王許之」。下文「鄭壽」與平王同入宗廟，接受問答，是其官職可能即爲卜尹。誠如此，推測其即指平王時期卜尹之觀從是可成立。

「就鄭壽」之「就」字，原釋文引《玉篇》「就、從也」之文，謂「鄭壽從平王」之義。但就語序言，蓋是平王從鄭壽之義。

「猷之於宗廟」之「猷」字，原釋文讀爲「電（蟬）」，引《說文》謂「隨從」之義。但顯與上文「從」意重複。陳偉改讀「猷（圖）」，何有祖、郭永

〔註 1〕 下引諸氏見解，悉見於網絡公開。以下爲避免行文繁瑣，僅揭諸氏姓名與論說要點。就其詳細，請參看《簡帛網（武漢大學簡帛研究中心）》（http：//www.bsm.org.cn/index.php）、《簡帛研究》（http：//www.jianbo.org/）。

秉釋爲「問」之義。茲從諸說，讀爲「訊」，釋爲問之義。

禍敗因重於楚邦：原釋文讀爲「禍敗輕（因）童於楚邦」，謂「童」乃指無知之義。文意難通。陳偉讀爲「因重」，釋作「因襲」（沿襲）之義，楊澤生釋爲「撼動」，凡國棟釋爲「因踵」。林文華則讀爲「言童」，釋爲「陷動」之義。此文蓋指楚國頻頻陷入禍亂之中。具體言之，即先是靈王篡奪王位（殺害楚王郟敖及其子），後又惡政頻仍（徭役過重、廣建樓台）等。王自己亦云：「餘殺人之子多矣，能無及此乎」、「眾怒不可犯」、「皆叛矣」〔註2〕。此外，尚有靈王末路與楚國混亂，以及平王乘亂即位諸事〔註3〕。故此，原文「禍敗因重於楚邦」蓋指自靈王時期至平王時期上述諸事態而言。

懼鬼神以取怒：釋文讀爲「懼軍（鬼）神、以取罹（怒）」，文意難通。「罹」字，何有祖讀爲「怒」。此處蓋指（平王）恐懼招致鬼神之怒。又本句與下文「思先王亡所歸」對言之，下文言「先王」（人），是以此處蓋言楚地山川之「鬼神」。

「思先王亡所歸」之「思」字，何有祖讀爲「使」，取使役之義，謂「使先王亡所歸」。但考慮到前文「懼」字，當仍以「思」字合宜。而此處所言「先王」蓋指包括慘死於山中的靈王在內的歷代楚王之靈。「亡所歸」乃謂楚失其宗廟、廢棄祖先祭祀之大事。

吾何改而可：原釋文讀爲「偃（吾）可改而何」，文意大體不差。茲從陳偉說，改讀「吾何改而可」。

「鄭壽始不敢答」之「始」字，原釋文作「怠（辭）」。大意不差。然凡國棟據字形改讀「始」，義更長。

〔註2〕　《左傳・昭公 13 年》「王曰：餘殺人子多矣。能無及此乎……王曰：眾怒不可犯也……王曰：皆叛矣」，又《史記・楚世家》亦云：「餘殺人之子多矣、能無及此乎……眾怒不可犯……王曰：皆叛矣」。

〔註3〕　是時楚國雖已立比爲王，畏靈王復來，又不聞靈王死，故觀從謂初王比曰：「不殺棄疾、雖得國猶受禍。」王曰：「餘不忍。」從曰：「人將忍王。」王不聽，乃去。棄疾歸。國人每夜驚，曰：「靈王入矣。」乙卯夜，棄疾使船人從江上走呼曰：「靈王至矣。」國人愈驚。又使曼成然告初王比及令尹子晳曰：「王至矣。國人將殺君，司馬將至矣。君蚤自圖，無取辱焉。眾怒如水火，不可救也。」初王及子晳遂自殺。丙辰，棄疾即位爲王，改名熊居，是爲平王。平王以詐弒兩王而自立，恐國人及諸侯叛之，乃施惠百姓。復陳蔡之地而立其後如故，歸鄭之侵地。存恤國中，修政教。吳以楚亂故，獲五率以歸。（《史記・楚世家》）

「王固猷之」之「猷」，原釋文讀爲「電（蠕）」，並引《荀子·禮論》篇楊倞注，謂當作「由」、「從」之意。凡國棟據音，改讀「要（求）」。此字亦見於本篇首之「電（猷）之於宗廟」。茲與前文相合，讀爲「猷」。

【鄭壽曰】：三字爲筆者據文意所補。竹簡雖無缺損，但此前有「王固猷之答」，則此當是鄭壽之回答。最短則作「曰」，若完整表達則當作「鄭壽曰」或「鄭壽對曰」，疑或爲書者所漏抄者。

諾：原釋文讀爲「女（汝）」，但臣下之鄭壽稱王爲「汝」，決無此理。陳偉讀爲「如」，以下文爲假設之言。或作別解，釋爲「諾」（應承）之義。作假設之辭，下文當有後續之文，然所見似無。故此，茲從「諾」意。

毀新都裁陵臨陽：「新都」後四字，蓋爲二都市名。原釋文解爲「裁（鄢）陵」、「臨易（陽）」。前者都市名，董珊謂與「鄢陵」有別，讀爲「戚陵」。說甚是。鄢陵爲鄭邑，楚嘗於此地爲晉軍所敗〔註4〕。又凡國棟謂後者都市名，爲《左傳·文公16年》之「臨品」〔註5〕。此與傳世文獻之都市比定，固然困難。然此文義當指鄭壽諫言拆毀平王新築二新都之事。究其理由，蓋因二新都作爲平王奢侈產物，導致楚國經濟重負，且無計畫之都市建設於政治、軍事均無益。

殺左尹宛、少師無忌：原釋文釋爲「殺左尹、免少師亡（無）忌」，謂「無忌」即《史記·楚世家》所見「費無忌」。但若如此句讀，則前者僅有「左尹」官名，後者則作「少師、無忌」，官名、人名並舉，頗失平衡。且費無忌爲惡人，向平王讒言太子建，又殺太傅伍奢，楚人皆怒之，昭王元年爲令尹子常所誅，民眾皆喜〔註6〕。是以「免」作罷免、免官，意尚可通，作「免」除解作不合宜。故此，陳偉、凡國棟讀爲「殺左尹宛、少師無忌」，謂「左尹宛」即《左傳·昭公27年》之「左尹郤宛」。以此爲「郤宛」是否合宜雖然仍存疑慮〔註7〕，但句讀位置則略勝於前。鄭壽向平王諫言，爲楚國殺此而惡臣。

「鄭壽【曰】」之「曰」字與前記【鄭壽曰】同理補。

〔註4〕 《春秋·成公16年》云：「甲午，晦，晉侯及楚子、鄭伯戰于鄢陵，楚子鄭師敗績」。

〔註5〕 《左傳·文公16年》云：「楚子乘駟，會師於臨品」。

〔註6〕 昭王元年，楚眾不說費無忌，以其讒亡太子建，殺伍奢子父與郤宛。宛之宗姓伯氏子嚭及子胥皆奔吳，吳兵數侵楚，楚人怨無忌甚。楚令尹子常誅無忌以說眾，眾乃喜。（《史記·楚世家》）

〔註7〕 《春秋》雖有「楚殺其大夫郤宛」（昭公27年）記載，但據《左傳》解說，此則郤宛誤中鄢將師與費無極之計而被殺。至於郤宛其人，則「郤宛直而和，國人說之」，評價甚高。是以，不大可能鄭壽以郤宛爲惡臣必欲殺之。

（二）後半釋讀

明歲，王復見奠＝（鄭壽），壽＝（鄭壽）出，據路以須，王與之語少＝（少少），王笑 05 曰：「前冬言曰，『邦必亡』，我及今何若」。答曰：「臣為君王臣，介備名，君王遷居，辱 06 於老夫。君王所改多＝（多多），君王保邦」。王笑：「如我得免，後之人何若」。答曰：「臣弟 07 喪，謙恭淑德，民是觀望」ㄥ

文章大意：

翌年、王再會鄭壽。鄭壽出其所居，于路側恭候楚王到來。不久，王與鄭壽語。王笑言：「去年冬天，你說『楚國必亡。』但是，我迄今健在，何以如此？」鄭壽答曰：「我雖是王之一介臣下，卻讓王特意屈駕我處。因王已經多自改善，是以能保家邦。」王笑曰：「如果我得以免除此滅亡，我之後楚王如何？」鄭壽答曰：「是時我蓋已死矣。但（此後楚王）若能保持謙恭慎德，那就是民之所期望。」

語注：

明歲：原釋文讀爲「陳歲」，去年之意，于文意難通。下文爲此後所談內容，故從何有祖說，讀爲「明歲」。

『邦必亡』，我及今何若：原釋文讀作「邦必亡，我及含（今）可（何）若」，全文納入引號，謂皆鄭壽之言。然此處蓋僅「邦必亡」三字爲鄭壽之言。蓋平王將前年鄭壽之預言「君王與楚邦懼難」，簡潔言之爲「邦必亡」。並以此預言揶揄鄭壽：「我」（平王）何以至今日（楚國安泰且我亦健康）。陳偉讀作「邦必喪我」，恐不確。前節記載鄭壽之預言「君王與楚邦懼難」，是以「王」與「邦」並有危難，故陳說恐非。「邦」與「王」既作一體敘述，則「邦」使「我」「喪」恐不能成立。

臣爲君王臣，介備名：原釋文讀爲「臣爲君王臣，介服名」，以「介」爲「助」之義。「服名」則據《尙書》文例「祖服名數」，即指天子所賜祿爵服飾等。「介」字，劉信芳讀爲「獨（特）」，謂「介備名」乃指不過一介備員之意。「爲」字，凡國棟讀爲「取」，指殺前揭二人之事。陳偉亦讀「取」，義謂「趣」。何有祖則變化句讀位置，讀爲「臣爲君王臣介，服名」。以上諸說皆有難解之處。茲當讀作「臣爲君王臣，介備名」，意謂不過爲王之一介（具名）臣下而已。蓋鄭壽對平王謙遜表達方式。

君王遷居：釋文解為「君王履居」，與前後文意不諧。陳偉讀為「君王弗居」，陳劍、何有祖讀為「君王遷居」，凡國棟讀為「君王踐處」。茲蓋謂平王離其居所，特意造訪鄭壽，是從陳劍、何有祖「君王遷居」讀為宜。

辱於老夫：原釋文謂「辱於」與「辱有」同。「辱」字，陳偉釋為「降臨」。此文蓋謂平王離其居所，屈尊前來老夫（鄭壽）之所之義。「辱」當為「辱臨」之義。與前句相同，蓋當理解為對平王敬重之言。又「老夫」，竹簡文字可隸定作「孝夫」，茲從原釋文說，當讀為「老夫」。

君王所改多＝（多多），君王保邦：董珊讀為「君王所改多，多（宜）君王保邦」。此處蓋以前文為前提條件之文。雖有前年之預言，然平王迄今安然無恙，此文正為解釋此理由，故當讀為「君王所改多＝（多多），君王保邦」，即因王能多有改善，方能邦國安保之義。平王聽取鄭壽諫言之後，是否有反省一事不詳。尤其前年鄭壽所進言，毀新都、殺惡臣之事是否實行，並未言及。誠如此，則本文或為譏諷平王不思悔改之言。

「臣弟喪」之「弟」字，何有祖讀為「弗」。又第六簡末尾，沈培謂當接〈平王與王子木〉第一簡「知」字，其後留數字空白，進入〈平王與王子木〉篇本文。據此說，〈平王問鄭壽〉篇末尾作「弗知」二字，但本篇則以鄭壽答曰「弗知（不知道）」終篇，毫不客氣，頗覺不自然。又若作「弗」字讀，與第七簡首「喪」相連，則作「臣弗喪」，文意不暢。此文「臣弟」當為謙遜之辭，與「小弟」用法相同；「喪」則滅亡、死亡之義。即大意可釋為鄭壽針對平王問「我之後楚王如何」，答曰：「彼時蓋我已亡故了」。

謙恭淑德：原釋文作「謙龔（恭）淑惠（德）」，何有祖讀為「溫恭淑惠」。「淑德」見於《漢書‧王莽傳》「昔齊太公以淑德累世，為周氏太師，蓋予之所監也」。茲從原釋文之說，讀為「謙恭淑德」。蓋假定若平王以降之楚王，若態度「謙恭淑德」，與下文相連屬。

民是觀望：原釋文作「民是觀望」，何有祖讀為「民是當望」，董珊讀為「民實黨（所）望」。諸說蓋皆謂若滿足前文「謙恭淑德」之條件，乃是民眾所期待楚王之義。

又第七簡，何有祖謂當接于〈平王與王子木〉篇第四簡「不得」之後。如筆者另文所述，〈平王與王子木〉篇第四簡乃總結全文之結語，是以，不當與本簡相連。

第二節　平王與鄭壽問答

下文考察本章之主題。原釋文作者陳佩芬氏就〈平王問鄭壽〉篇整體有如下解說：

> 楚平王因國之「禍敗」事問於鄭壽，鄭壽的答覆未合王意。以致引起鄭壽的不滿而不事王。越年，當鄭壽再次見到平王時，平王對他很冷淡，並用言語羞辱之。鄭壽以爲王處高位，應改正作風。

此說是否正確？誠然，就前半部份問答言之，陳氏解說似不爲無當。

楚平王跟隨鄭壽進入宗廟，問之于宗廟。「災禍連綿降于我楚國，我擔心招致鬼神之怒而使得先王之靈失其歸所。我當如何改善？」如前揭語注所解說，此則在靈王時期至平王時期楚國幾度混亂之後所言。對此，鄭壽開始固辭其回答。蓋因深知自己之諫言忤逆王意。但是，楚王堅決要求作答，終於諫言，要求王毀墮新都之栽陵、臨陽，殺惡臣之左尹宛與少師無忌。但是爲王所拒絕。是以，鄭壽預言：「如不能，王與楚邦或不能免於災難。」此後告病不侍楚王。

如陳氏所說，鄭壽之言確實未能合于平王之意，鄭壽諫言未能見用。失望之餘，鄭壽稱病身退。據此，則後半所云「前冬」當指某年冬之事。

後半讀解又如何？上述事件發生後之翌年，王再會鄭壽。鄭壽出其所居，立于路側恭候王駕。王不久與鄭壽語，笑言曰：「去年冬天，你有『邦必滅亡』之語。但我至今仍健在，是爲何故？」以此諷刺、嘲笑鄭壽。王特意前來鄭壽之居所，欲告知其預言落空。王前年聽聞鄭壽諫言，並拒絕其建議，嘗有預言說楚國與王要滅亡。此預言對楚王言之，極爲恥辱。但是，踰年之後此預言竟未實現。王遂放心，欲蔑視鄭壽，特意造訪鄭壽，夾雜諷刺之語嘲笑之。

對此，鄭壽之言行則極爲鄭重。鄭壽答曰：「我不過王之一介臣下而已，竟得王屈駕鄙所。蓋因王自多改善，乃能邦國安保。」初見之下，這一答覆乃是對王極爲鄭重之贊詞。但是，實則王於前年之諫言一無改善之行動。據此，所謂「多自改善」乃是對平王強烈諷刺。而「王屈駕鄙所」云云，蓋暗諷一國之君行動不合時宜。是楚國之王爲嘲笑臣下而離開宮殿、下至臣下居所一事，鄭壽以爲乃是糊塗之舉。鄭壽對王諷刺之言，亦予以強烈諷刺答覆。

平王聞此言，又笑言：「如我能免於此滅亡，我之後楚王如何？」此笑蓋仍是蔑視鄭壽之義。王聽聞鄭壽對自己諷刺之言，認爲乃是鄭壽對於預言落

空的辯解之辭。而此問言下之意，我拒絕臣下諫言而並未有任何改善，迄今仍在健在，那麼，此後諸王蓋亦當然如此。

鄭壽之答則頗意外：「彼時我亦亡故。但此後楚王若能溫恭慎德，蓋民之所期望。」「臣弟喪」之言頗出意表。謂自己那時蓋已經亡故，是以不得知其詳。鄭壽並未對王之問予以正面答覆。

「謙恭淑德，民是觀望」，謂此後楚王亦必得民之所期望乃能安泰之義。反言之，可以理解爲暗示楚國危難之語。蓋謂「謙恭淑德」這一前提條件，平王決不能達到。楚王認爲預言落空遂特意傲慢前來，鄭壽乃對此楚王徹底斷念。而不以直接非難之言，轉言若能「謙恭淑德」則可保安泰這一意味深長之語，在此預言出楚國之危難。

陳佩芬氏對本篇後半部，「當鄭壽再次見到平王時，平王對他很冷淡，並用言語羞辱之」之解說，蓋頗失此本旨。此處交互問答，並非直接侮辱，乃是強烈諷刺之應對。王與鄭壽皆未徑吐心聲，而以間接形式表達各自所思。而陳氏認爲本篇結末：「鄭壽以爲王處高位，應改正作風」，亦非中的之語。最後鄭壽之言非是要求平王改善態度，而是因平王拒絕臣下諫言與預言，遂對其徹底斷念之言。

第三節　〈平王問鄭壽〉篇著作意圖

如上所述，〈平王問鄭壽〉篇關鍵之處應當理解爲鄭壽之諫言與楚亡之預言。而這一著作之背景究竟如何？下文即就此篇著作意圖進行考察。

鄭壽答王問之初，建議中有具體內容。蓋王之所以有此問，有其必然性存諸。此即楚國所遭受幾度不祥事件。即靈王至平王，楚國幾度惡政與混亂。由此之故，本篇中平王乃直視「禍敗」，表達其謙虛反省意思：「吾何改而可」。然而，當鄭壽再具體建議時，楚王立即態度強硬，拒絕接受。雖然質詢所當「改」者爲何，卻決絕不願改此態度。

翌年之態度亦與一國王不相符合。平王越年乃知鄭壽之預言落空，遂安心，步出宮殿，往鄭壽之所。爲諷刺鄭壽之預言落空，特以一國之君身份屈駕臣下之居所。甚爲天真幼稚乃至拙劣。

鄭壽之諫言與滅亡之預言，平王並未接受。對冷靜、鄭重之鄭壽相比，平王態度則頗顯孩子氣。

　　是以，本篇不僅僅是君臣問答之記錄，實則其主旨乃在於批評楚平王。平王好容易自覺于楚國之「禍敗」，一度立志「改」而向善，最終則未能有王之度量，拒絕臣下之諫言。又越年乃知滅亡之預言並未實現，遂屈駕臣下之所，前往嘲笑之。遂又批評王這一愚蠢之行徑。

　　這一平王評價與其他傳世文獻中所見平王評價有何關係？

　　首先，《左傳》中有關於平王行爲合於「禮」之評價。

　　　夏，楚子使然丹簡上國之兵於宗丘，且撫其民。分貧振窮，長孤幼，
　　　養老疾，收介特，救災患，宥孤寡，赦罪戾，詰姦慝，舉淹滯，禮
　　　新敘舊，祿勳合親，任良物官。使屈罷簡東國之兵於召陵，亦如之。
　　　好於邊疆，息民五年，而後用師，禮也。（《左傳·昭公十四年》）

　　　楚子聞蠻氏之亂也，與蠻子之無質也，使然丹誘戎蠻子嘉殺之，遂
　　　取蠻氏。既而復立其子焉，禮也。（《左傳·昭公十六年》）

前者平王欲救濟國民、和睦隣國，是評價其合於「禮」。但是，平王之所以採取這一政策，乃因設計弒前王即位，恐引人注目，招致國民、鄰國背叛。《史記·楚世家》對此有詳細說明：「平王以詐弒兩王而自立，恐國人及諸侯叛之，乃施惠百姓，復陳蔡之地而立其後如故、歸鄭之侵地，存恤國中，修政教。」即便平王救恤之策合於「禮」，其動機亦極不純。

　　後者亦認爲其不斷蠻氏後裔，乃合於「禮」。但是，原本趁蠻氏之亂侵佔其領地者，不是他人，正是平王。是以，與前事相同，此事也只能認爲是其粉飾自己所做惡事之行爲。

　　因此，《左傳》之中雖然評價平王之行爲合於「禮」，但並非對平王言行整體全面之評價。更毋寧說，乃是對趁亂即位的平王行爲之否定。如前所述，平王亦慨歎自己之行爲，云「餘殺人之子多矣，能無及此乎」，「眾怒不可犯」，「皆叛矣」。

　　與上述評價相關聯，又有《史記·楚世家》中所見太史公言。

　　　太史公曰：楚靈王方會諸侯於申、誅齊慶封、作章華臺、求周九鼎
　　　之時，志小天下。及餓死于申亥之家，爲天下笑。操行之不得，悲
　　　夫，勢之於人也，可不慎與？棄疾以亂立，嬖淫秦女，甚乎哉，幾
　　　再亡國。（《史記·楚世家》）

上文特取歷代楚王中之靈王與平王予以嚴屬批評。平王之前爲靈王，其誅殺齊慶封，作章華台，問周之九鼎之際，其志大乃至以天下爲小。待及爲民眾

所拋棄，餓死山中，為天下笑。而棄疾（平王）趁國亂即位，寵愛秦公之女，亦非尋常。

太史公之評價甚慰嚴苛。對於靈王，歎曰：「悲夫，勢之於人也，可不慎與」。是悲歎權勢遠超其人之實力。而對於平王之愚行，則曰「幾再亡國」，猛烈批評其幾乎再度使楚國滅亡。

這一楚王評價與〈平王問鄭壽〉篇之主旨若合符節。楚國平王之次世昭王 10 年（前 506），為吳所攻，失去國都郢。但是，這一亡國之難，並非昭王惡政所致，乃是此前先王以及更此之前之靈王、平王所導致之災禍。歷代楚王中，此二王最應當受到嚴厲批評。

〈平王問鄭壽〉篇可認為表明上述楚王評價。是以，本文蓋立足于靈王時期至平王時期楚國之亂而成立。

結　語

以上本文對於上博楚簡〈平王問鄭壽〉篇進行了考察。這一有著預言結構的文獻，與此前討論的上博楚簡〈莊王既成〉篇〔註8〕一樣，都引發了當時讀者的深刻反省。國難既已預言。儘管如此，歷代楚王仍然不見任何解決策略，徒增混亂而已。讀者不禁油然而生上述思緒。其讀者當然就是楚國的為政者。具體言之，即以昭王以降之楚王、太子為假定對象。

又，與此相關聯，本篇成立時期當在昭王時期或惠王時期之際。正是在靈王、平王失政，國都陷落之後的楚國，這一故事才能如此深切，而為人接受。

再進步考察，可知《上海博物館藏戰國楚竹書》第六分冊所收錄一系列楚國相關文獻之間，有同一之聯繫。

首先，〈莊王既成〉篇以楚莊王時期預言形式，敘述約百年後昭王時期國難之事。作為春秋五霸馳名的莊王，此處被作為導致國難遠因之一人遭受批判。又〈平王與王子木〉篇批評平王之子王子木（建）不具備作為太子所應當有的見識〔註9〕。又本篇〈平王問鄭壽〉篇，如上所述，批評平王拒絕臣下諫言、不信滅亡之預言。

〔註 8〕 關於上博楚簡〈莊王既成〉篇，請參看本書第五章。
〔註 9〕 關於上博楚簡〈平王與王子木〉篇，請參看本書第六章。

　　上述諸篇的共同點，即在於都是對楚國王權進行勸誡。雖難以確定各篇具體成立時期，但若假定其為同一時期之著作，那麼依據〈莊王既成〉、〈平王問鄭壽〉篇內容推測，極有可能諸篇乃以楚昭王時期國難為背景著作而成。昭王時期國都一度淪陷，楚國遭受極大打擊。為使當時為政者深刻反省其原因，遂創作上述諸篇文字。而將此內容以楚王故事集形式連綴起來，或即上述系列著作。楚國之亡並非昭王時期突發事件，在此前莊王至靈王、平王的歷代楚王言行之中已經蘊含這一萌芽。這些故事集所述的就是這些楚國滅亡歷史。

第八章 教誡書〈君人者何必安哉〉

序 言

　　《上海博物館藏戰國楚竹書》第七分冊於 2008 年 12 月刊行付梓，其中收錄有〈武王踐阼〉、〈鄭子家喪〉（甲、乙）、〈君人者何必安哉〉（甲、乙）、〈凡物流形〉（甲、乙）等諸篇文獻。

　　其中，〈君人者何必安哉〉篇記載臣下范乘向楚王進諫內容。爲筆者所考察系列記載楚王相關故事文獻之一。是以，本章就此〈君人者何必安哉〉篇釋讀全文，並就其作爲楚王故事特質進行若干檢討。

第一節　相關書誌

　　釋讀之前，先將〈君人者何必安哉〉篇相關書誌記述如下。《上海博物館藏戰國楚竹書》第七分冊所收〈君人者何必安哉〉篇原釋文者爲濮茅左氏。

　　該文獻竹簡出於保存較爲完好的泥方中。有甲、乙二種，甲本完整，共 9 簡，簡長 33.2～33.9cm、寬 0.6cm、厚 0.1cm。簡端平齊，兩道編繩。右契口。各簡字數約 24～31 字。總字數 241（含合文 4〔註1〕）。

　　本無篇題，「君人者何必安哉」乃基於篇中文句命爲篇題。第九簡有墨節，

〔註 1〕 但甲本中「一人」並未附加合文符號。此蓋書寫者所漏抄符號所致。而乙本中則徑以通常形式書寫「一人」。據此，則甲乙兩本之底本可能原本寫作「一人」，而抄寫之際，甲本書寫者誤爲合文，抄寫之際縮短字間距離。是以，合文數則爲 3。

示文章之結束。

乙本書誌大致相同。全九簡。總字數爲 237 字（含合文 3）。第九簡末有墨節，其下有黑底白文「乙」字。戰國楚簡首見此例，其意義則尚待進一步考證。

因乙本有部份殘缺，所以下面釋讀以甲本爲底本進行。甲、乙本文字有異同處則以注記略加討論。

又，以下行文略稱此篇作〈君人者〉。

第二節　〈君人者何必安哉〉篇釋讀

首先將〈君人者〉篇釋讀如下。其次第依次爲筆者所確定文本、文章大意與相關語注。01、02 等數字爲竹簡序號。「■」爲篇末墨節。①②等序號爲後述相應語注序號。語注中所引諸氏論考類，悉皆爲網絡公開文章。爲避免行文煩瑣，茲僅記氏名，省略相關文章題目與刊登日期等詳細資訊。詳細內容請參看武漢大學簡帛中心《簡帛網》（http：//www.bsm.org.cn/index.php）及復旦大學出土文獻與古文字研究中心主頁（http：//www.gwz.fudan.edu.cn/Default.asp）。

原文：

01 范戠曰：「君王有白玉，三違而不察。命為君王察之，敢告於見日」。王乃出而 02 見之。王曰：「范乘，吾安有白玉，三違而不察哉」。

范乘曰、「楚邦之中，有食 03 田五頃，竽管衡於前。君王有楚，不聽鼓鐘之聲。此其一違也。

玉珪之君，百 04 姓之主，宮姜以十百數。君王有楚，侯子三人，一人杜門而不出。此其二違也。

州徒 05 之樂，而天下莫不語，先王之所以為目觀也。君王襲其祭，而不為其樂。06 此其三違也。

先王為此，人謂之安邦，謂之利民。今君王盡去耳 07 目之欲，人以君王為所以嚻。民有不能也，鬼無不能也。民訽而思崇 08 之，君王雖不長年，可也。戠行年七十矣，然不敢懌身。君人者何必安哉。桀、09 紂、幽、厲，戮死於人手，先君靈王乾谿殞崩。君人者何必安哉■。

文章大意：

范戠（乘）言於（傳話者）曰：「君王（楚昭王）煞費苦心保有白玉，

卻有幾處差錯，未能明察。我將欲使君王明察之。若能拜謁敢請告之。」
是以，王出（於宮殿前庭），見范乘曰：「范乘，我如何雖保有白玉，
卻有幾處差錯未能明察？」

范乘答曰：「楚邦之中，食田五頃之士皆備齊竽管（樂器）於身邊。但
君王身爲楚國之王，卻不欲聞鼓鐘之聲（傳統禮樂）。此則差錯之一。
（保有）玉珪之君主，若爲百姓之主，當有宮殿內妾妻千數。但君王
身爲楚國之王，侯子不過三人，且其中一人幽閉不出。此則差錯之二。
州徒之樂非天下之中眾人所得語者，唯有（楚之）先王能親自參觀。
但君王雖繼承此祭祀，卻不欲其音樂之演奏。此則差錯之三。

（楚之）先王踐行於此，是以民眾評價爲「安邦」、爲「利民」。如今，
君王欲去除所有耳目之欲，眾人遂以君王爲（我等）之憂。民有不可
能之事，而鬼神則無不可能之舉。民若詛咒王，君王當早夭。老叟（范
乘）雖行年七十歲，但絕不敢安樂己身。人君者如何能安泰處之。桀、
紂、幽、厲戮死人手，先君（靈工）慘死乾溪。人君者如何能安泰處
之。」

語注：

范叟：原釋文釋讀爲「爲戉」，謂「爲」爲「帆」之古文，引《說文》段
注云「段借作笵、笵又譌範」，通「範」字。又「戉」字又見於包山楚簡、郭
店楚簡《老子》、〈六德〉等篇，「戉」、「叟」二字韻部相同得通假。又據後文
有作「爲（范）乘」，則此當指《國語・楚語》上中所見「范無宇」（楚大夫）。

白玉：蓋比喻楚王之叡智。

三違：原釋文隸定作「三回」，以「回」爲量詞，乃「塊」之意。田河從
單育辰說，並據上博楚簡中以「回」讀作「圍」之例，謂此當爲「圍」（長、
周長、直徑）。劉雲則指出〈凡物流形〉篇有「十回（圍）之木」之用例，是
數量詞應當在名詞之前，據此質疑讀作「圍」之說，改讀作「匵」（匣）。董
珊則謂此當指玉上裂紋，黃人二則讀爲「玷」（缺點）。雖然上博楚簡中有以
「回」爲「圍」之例，但考慮到本字構成要素「韋」字，茲讀作「違」。「三
違而」以動詞讀之，後文「一違」、「二違」、「三違」則作名詞理解。

不察：原釋文隸定爲「不戔」，解爲「不殘」或「不賤」，是君王對白玉
「迷戀愈深」之義。何有祖則讀爲「踐」（實踐、履行），謂君王不能陳列白
玉之義。陳偉則據《說文》「善言也」之說，謂指不能讚美白玉之三種美德。

田河則讀爲「箋」，謂楚王得寶玉所作「箚書」之義。筆者以爲，此處應當理解爲楚王煞費苦心得到白玉（叡智），卻三犯過錯而不能明察其正道之義，故茲從董珊說，讀爲「察」，不能明察之義。

吾安有白玉三回而不察哉：原釋文隸定爲「偶釓又白玉三回而不戔才」，讀作「吾罕有白玉三回而不戔哉」。即讀「釓」字爲「罕」字，但「罕」義于文難通。陳偉則讀爲「乾」字，通「旱」、「安」字而讀作「安」。李天虹也以爲此字與「曷」字音通。諸說皆認爲，此處楚王欲反駁范乘之說，故從反語之義爲長。

有食 03 田五頃，竽管衡於前：原釋文隸定作「又飮 03 田五貞竽冗(字)於前」，讀爲「有食 03 田五鼎竽管掬於前」。以「食田」（賜田、封田）句讀，又謂「鼎」爲權力象徵。(字)字待考，義取「掬（取）」。是此文指君王沉溺管竽之樂，不問政治。但是下文徑接「不聽鼓鐘之聲」，意義全反。復旦讀書會〔註2〕讀「貞」字爲「正」，「五正」乃謂低級官吏。董珊則相反以「有食田五鼎」爲擁有采邑、五鼎的一級貴族。李天虹則讀「貞」字爲「頃」，指田畝之面積單位（一頃百畝）。又其未釋字，原釋文讀爲「掬」字，何有祖讀爲「衡」，即橫置之義。結合上下文，此文蓋指楚雖已備陳樂器（擁有食田五頃之士亦已備齊樂器）（楚王仍不聽鼓鐘之樂）之義。「衡」字蓋指放置樂器備齊之義。

珪＝（珪玉）之君：原釋文以此爲「珪玉」合文，陳偉據《楚辭》等用例，以爲當改讀「玉珪」。

州徒之樂：復旦讀書會讀「州徒」爲「優徒」，即伶人之輩，董珊則謂「州徒之樂」指一般民眾之娛樂活動，張崇禮認爲乃是民間樂舞、世俗樂舞。凡國棟以「州」爲人名，即如《國語》中所見伶州鳩等傳授音樂之人，孟蓬生則爲乃州土，即國內遊觀田獵音樂，林文華謂乃周王朝樂舞，陳偉則以「州徒」爲楚國名勝（如雲夢）。諸說紛紜。據後文有云「王之所以爲目觀也」、「而不爲其樂也」，則此蓋指楚王直接參觀、或具有執行權限之傳統形式樂舞。最有可能爲在雲夢所舉行樂事。

而天下莫不語，先王之所以爲目觀也：甲本作「而天下莫不語之、王之所以爲目觀也」，乙本「之」作「先」字，作「而天下莫不語、先王之所以爲

〔註 2〕 其正式名稱爲復旦大學出土文獻與古文字研究中心研究生讀書會。《上海博物館藏戰國楚竹書》第七分冊刊行後組織成立，此後，多將其研究成果公佈於同研究中心主頁（http：//www.gwz.fudan.edu.cn/Default.asp）。

目觀也」。原釋文從甲本文字，謂「先」當是乙本誤寫。復旦讀書會反之，認為乙本作「先」是，甲本為誤寫。關於「王」與「君王」、「先王」等稱呼之區分，若參照其他楚系文獻則知當事之際稱「王」，對話之中則加以敬意稱「君王」。此處參照同時對話文字，後文作「先王」，則此處當以作「先王」為勝。是以，極有可能乃甲本誤寫。

君王襲其祭：原釋文隸定作「君王龍丌祭」讀為「君王隆其祭」。是將「龍」字讀為「隆」，並推測其義為「淡」。但「龍」、「隆」二字音雖可通，但前後文並無楚王演奏祭禮音樂之義，是以作「隆」不合文意。是以史德新讀為「襲」，取因襲之義。此說即便以字形言之亦相對問題較少，故茲從此說。句謂，楚王仍因襲祭禮（雖然未能演奏主要音樂）。

人以君王為所以囂：原釋文釋讀作「人以君王為聚以囂」。原釋文讀作「聚」之字，劉樂賢、陳斯鵬指出郭店楚簡〈尊德義〉篇中有文字相類似，讀為「所」，並連下文「以」字句讀。又原釋文讀為「囂」之字，復旦讀書會讀為「傲」，陳偉讀作「倨」，李大虹也讀作「驕」。原釋文認為，該文指土得民心遂集合諸侯于外，于內則集合百官。說與全文文意不合。上文「今君王盡去耳目之欲」與本文趣旨相悖，顯為貶義，是以當指貶低上之內容。即（今君王盡去耳目之欲），是以眾人皆以君王為痛苦之根源所在。「囂」蓋為囂然、眾人痛恨欲訴不平之狀。

民詛而思祟 08 之：原釋文讀「乍」為「作」，隸定為「民乍而凶拜之」，解作「民作而思拜之」，謂拜字待考。伊強讀為「民乍而思誰之」，意謂民眾究竟應當追隨何人，但於意難通。此處蓋謂楚王悉去除耳目之慾望、不許演奏音樂以樂和民眾，眾人深感痛恨。李天虹讀為「民詛而思祟之」，與前文「鬼」相對應。

君王雖不長年，可也：原釋文讀作「君王唯不長年，何也」，李天虹釋文則讀作「君土雖不長年，可也」，並指出傳世文獻習見「～雖～可」之句型。此蓋指民眾認為，受鬼神詛咒作祟，即便君王早死亦無甚奇怪之義。

然不敢懌身：原釋文隸定作「言不敢豦身」，讀為「言不敢豚身」。「言」字，復旦讀書會讀作「然」，讀為「不敢懌身」。「懌」者悅也（解憂之後歡娛之狀），讀作「不敢懌」與下文中「安」對應，義長。

先君靈王乾豁殞崩：原釋文隸定為「先君霝王乾溪雲薾」讀作「先君靈王姦繫員」，以「薾（爾）」字與後文「君人者」連讀，于文意難通。又，臣下

對楚王是否有言「爾君人者」亦頗有疑問。原釋文所釋「姦繫」二字，復旦讀書會、何有祖、李天虹等皆據傳世文獻（《國語・楚語》、《韓非子・十過》篇等）所記載楚靈王殞命於乾谿事，讀作「乾谿」，李天虹更讀此句爲「先君靈王乾谿殞崩」。蘇建州讀作「先君靈王乾谿殞殲」。諸說皆謂此當記述靈王慘死之事。

第三節　〈君人者何必安哉〉篇的思想特質

　　該文獻內容乃是老臣范乘對楚王之諫言。篇中楚王，根據諫言之中云「侯子三人，一人杜門而不出」、「先君靈王乾谿殞崩」等內容推斷，當是靈王之後二代王、即昭王〔註 3〕。

　　范乘雖將昭王之叡智比喻爲「白玉」，卻認爲其中仍有幾處錯誤。其一、不聽鼓鐘之聲，其二、未能確保世子之安定，其三、不舉行盛大樂舞祭禮。又指出，上述之背景乃因昭王「盡去耳目之欲」之性情。昭王自身或許自負其抑制欲望之舉，但是以范乘之言，此則爲眾人憂患之元兇所在。

　　如抑制音樂，則奪眾人之所樂，無從釋放其壓力。而嚴控妾妻之數，且使世子之一幽閉不出，則其後人能否確保安定、以及國家能否存續，皆給予國民莫大不安。王者應當超越自己之欲望與性情等問題，而以「安邦」「利民」爲行事之首要要素。

　　篇中將君主自身之欲望與國政安定相對比。這是該文獻第一特質。通常多見爲君主欲望過剩，而臣下則諫言之事例，而該篇文獻則一反常態，爲國政之安定，對於君主「盡去耳目之欲」之性情予以否定。

　　該篇第二特質在於與民、與鬼神相關聯。范乘諫言之中，敘述了心懷不滿之民眾將所採取之行徑。「民有不能也，鬼無不能也」。民眾作爲無力之存在，自身並不能有何舉措，但是鬼神卻無所不能。因此「民詛而思崇之，君王雖不長年，可也」，意謂對王心懷不滿的民眾向鬼神詛咒，其結果將導致王之夭折。

　　此處敘述了爲政者與民眾與鬼神之間重要關係。民中並無力量，即便有憤怒或不滿，也並無直接上訴之能力。但是，如果訴諸鬼神，則能達成心願。

〔註 3〕　靈王於前 529 年去世。又原釋文在本篇說明中指出，楚昭王有三子，其中一人之名不見於系譜，推測與本書所云「侯子三人，一人杜門而不出」有關。

易言之，民眾雖不能直接向為政者上訴或者要求改善，卻通過經由鬼神之手，將民眾之憤怒與不滿訴諸為政者。

所謂鬼神乃先祖之靈。原本唯有本宗血緣之人祈福，而受到佑護。但是，此處之鬼神已經超越狹隘立場，而成為能夠實現全體國家民眾之期待之存在。是以，鬼神之存在意義十分巨大。這對於古代中國鬼神觀之展開，無疑是十分有趣之資料。

第四節　楚王故事與教誡書

〈君人者〉篇之文獻特徵應當如何理解？筆者嘗對〈莊王既成〉、〈昭土毀室〉、〈平王與王子木〉等記載楚王故事等系列文獻進行考察。筆者指出，諸篇或乃對于楚王權進行勸誡之文獻〔註4〕。上述楚王故事均以楚國王權之安定與繁榮為目標，而以為政者為對象編寫而成。而〈君人者〉篇其大致框架言仍具有這一特徵。〈君人者〉篇通過范乘諫言，批評昭王性情，闡述對於國家安定與繁榮何者為重要。

不過，需要指出的是，該篇與此前所考察楚王故事仍略有小異。首先，該篇構成極為單純。〈莊王既成〉、〈昭王毀室〉諸篇所見其他楚王故事之中，記載有往復幾度君臣之問答，以及聞聽臣下發言之後，王之反應。但〈君人者〉篇僅有臣下問答一次往復，且對於聞聽范乘諫言之昭王反應，一無記載。根據第九簡末尾所附墨節推斷，不太可能此下漏寫昭王之反應等等內容。以此作為完整的對話大致不差。是以，該文獻與此前所討論楚王故事，敘述形式稍稍有別。

而聞聽此諫言之昭王，以及閱讀該文獻之後的讀者（楚國為政者），此後會有如何印象？試推測之。因未有明記而作推測之言，難免並無確證，但是對於此諫言，則稍感複雜。

首先，為保持國家安定與人民精神安定，為君主者不應當拘束於個人性情，這一諫言可以說具有一定效果。所謂稍稍「去耳目之欲」，乃因君主時常

〔註4〕關於上博楚簡中相關楚王故事文獻，筆者已有如下論考發表。〈〈莊王既成〉篇之「預言」〉（參看本書第五章）、〈父母之合葬——〈昭王毀室〉篇〉（參看拙著《戰國楚簡與秦簡之思想史研究》台灣，萬卷樓，2006 年，第七章）、〈世世相傳之先王故事—〈昭王與龔之脾〉篇〉（參看拙著『戰國楚簡與秦簡之思想史研究』第八章）、〈太子之「知」—上博楚簡〈平王與王子木〉篇〉（參看本書第六章）、〈上博楚簡<平王問鄭壽>篇之諫言與預言〉（參看本書第七章）。

身處險境。更重要的是，此乃國家整體、而非君主個人之感情或性情。這一主張蓋對於昭王以及此後之為政者皆能理解接受。此外，范乘對昭王，並非失禮當面辱罵，而是將昭王之叡智喻為「白玉」大加讚賞，乃進諫言。所謂不過言「白玉之瑕」。這一進諫方法亦易於為王所接納。

諫言最後，範乘舉出了為君主而不能安泰之例，桀、紂、幽、厲，以及靈王之死等。上述事例對於昭王果真有效？桀、紂、幽、厲，歷史評價為殘酷非道諸王之典型。這些暴君與「盡去耳目之欲」之昭王全然不同，極盡欲望而暴施殘虐，終於亡國。而楚靈王雖然並未導致亡國，但正如後世司馬遷所嚴厲批評：「太史公曰：楚靈王方會諸侯於申、誅齊慶封、作章華臺、求周九鼎之時，志小天下。及餓死于申亥之家，為天下笑。操行之不得，悲夫，勢之於人也，可不慎與？」（《史記‧楚世家》）

如此，進諫昭王所引諸事例，是否有失允當？本來，篇中所引諸事例，應當與昭王相同，乃皆因「盡去耳目之欲」導致身死之王，如此則最為相應。但是，正因並無此類合適事例，是以乃舉不保己身之安泰而悲慘結束生命諸王之例。

總之，〈君人者〉篇老臣范乘向楚昭王進諫這一內容，大體可以納入此前所考察楚王故事範疇之對話體文獻。

下文略將〈君人者〉篇包括在內，對已知的楚王故事作一概括。若以文中所見楚王之時代順序，則相關文獻次第如下：莊王時期〈莊王既成〉篇、靈王時期〈申公臣靈王〉篇、平王時期〈平王問鄭壽〉、〈平王與王子木〉篇、昭王時期〈昭王毀室〉〈昭王與龔之脽〉及〈君人者〉篇、簡王時期〈柬大王泊旱〉篇。是以包含有由莊王（前 613～前 591 在位）至簡王（前 431～前 408 在位）、歷時頗長之楚國歷代君王相關故事。且諸篇蓋皆具備對楚國王權進行教誡之作用，而其具體讀者或即假定為王或太子。

關於此類作為教誡書之故事，陳偉氏引《國語‧楚語》上篇文字，指出即其中所云「語」類文獻〔註 5〕。下文即楚之賢人申叔時對楚王所云關於太子教育之內容。共為九項而總稱為「九科」。均為教誡太子之重要手段而備受重視。

　　叔時曰：「教之春秋，而為之聳善而抑惡焉，以戒勸其心。教之世，而為之昭明德而廢幽昏焉，以休德，而知先王之務用明德於民也。

〔註 5〕　陳偉〈〈昭王毀室〉等三篇的幾個問題〉（《出土文獻研究》第七輯，上海古籍出版社，2005 年）。

　　教之故志，使知廢興者而戒懼焉。教之訓典，使知族類，行比義焉。
　　（《國語・楚語》上）

此處」語「之用爲」使明其德，而知先王之務用明德於民也。但韋昭注則謂
「語」爲「治國之善語」，即治理國家之名言。若此說是，則上博楚簡中楚王
故事是否能皆視爲「語」，則頗感躊躇。所以言此者，乃因〈平王問鄭壽〉與
〈平王與王子木〉篇明確描寫出作爲反面教材之楚王形象〔註6〕。而〈君人者〉
篇雖然沒有激烈言辭之批判，也明顯可見其中批判昭王之傾向。

　　但是，作爲教訓實則並無所謂「善語」。人們唯有通過失敗事例從而進行
深刻反省，獲取教訓。成功事例當然可以作爲教訓，但是並不能從成功之後
的滿足感進行詳細分析。唯有失敗，才能導致何以如此的深刻煩惱。在此意
義上，即便上述楚王故事並非盡屬「善語」，也有者明確之教誡書意義。

　　是以，諸篇皆取材春秋時代楚國切近之歷史故事，以此題材爲教誡之書，
編輯而成。而其讀者之王或太子遂從中修得帝王之學。

〔註 6〕〈平王問鄭壽〉篇內容乃批評平王拒絕臣下諫言，不信滅亡之預言。又〈平
　　　王與王子木〉篇批評平王之子王子木（建）不具備作爲太子應當具有的見識。
　　　各篇之詳，請參看本書第六章及第七章。

第三部分

銀雀山漢墓竹簡研究

第九章　關於銀雀山漢墓竹簡
「論政論兵之類」

序 言

　　1972 年，在中國山東省銀雀山發現了前漢時期的墓葬，在其中一號墓中副葬有大量的竹簡。這就是給中國古代思想史研究以巨大衝擊的銀雀山漢墓竹簡。其內容爲《孫子兵法》《孫臏兵法》等古代兵書，並於 1985 年，以《銀雀山漢墓竹簡〔壹〕》（銀雀山漢墓竹簡整理小組，文物出版社）的形式進行了公開。

　　不過，收錄在此第一輯中的，僅是銀雀山漢墓竹簡中的《孫子兵法》、《孫臏兵法》、《尉繚子》、《晏子》、《六韜》、《守法守令等十三篇》〔註1〕。當然，這些都是銀雀山漢墓竹簡的中心文獻，但據《銀雀山漢墓竹簡〔壹〕》的說明，此外還將在第二輯中收錄「佚書叢殘」，在第三輯中收錄「散簡」、「篇題木牘」、「元光元年歷譜」。

　　其後在中國、台灣，主要以《孫子兵法》、《孫臏兵法》爲主進行研究，分別於 1975 年刊行了《孫臏兵法》（銀雀山漢墓竹簡整理小組，文物出版社），《竹簡兵法》（台灣，河洛圖書出版社編輯部，河洛圖書出版社），1976 年刊

〔註 1〕　《守法守令等十三篇》，是《銀雀山漢墓竹簡〔壹〕》的編者（銀雀山漢墓竹簡整理小組）基於篇題木牘上列舉篇名的擬稱。但其在認定上有一些問題，筆者認爲實際上應該是 12 篇。關於此點，請參考拙著《中國古代軍事思想史の研究》（研文出版，1999 年）。

行了《孫子兵法》（銀雀山漢墓竹簡整理小組，文物出版社），1984 年刊行了
《孫臏兵法校理》（張震澤，中華書局），1996 年刊行了《孫武孫臏兵法試說》
（邵斌、宋開霞，齊魯書社），2002 年刊行了《孫臏兵法解讀》（楊玲，軍事
科學出版社），2005 年刊行了《銀雀山兵學》（銀雀山兵學研究會、銀雀山漢
墓竹簡博物館，解放軍出版社）〔註2〕

　　在日本，則受銀雀山漢墓竹簡公開的影響，於 1976 年刊行了《孫臏兵法》
（金谷治，東方書店），另外，於 1999 年刊行了充分利用了銀雀山漢墓竹簡
諸文獻的拙著《中國古代軍事思想史的研究》（湯淺邦弘，研文出版）。

　　在 2010 年 1 月，《銀雀山漢墓竹簡〔貳〕》（銀雀山漢墓竹簡整理小組，
文物出版社）終於刊行了。雖然在第一輯中曾經進行過預告，但第二輯的出
版卻幾乎是在沒有任何事先通知的情況下，突然進行了公開。這已經是在銀
雀山漢墓竹簡發現 37 年之後，《銀雀山漢墓竹簡〔壹〕》刊行 24 年之後的事
情了〔註3〕。

　　其內容，正是在第一輯中預告過的「佚書叢殘」，全體分類為「論政論兵
之類」「陰陽時令、占候之類」「其他」等三個部分。

　　本稿的目的，是對其中的「論政論兵之類」的成立時期和思想特徵進行
考察。

第一節　「論政論兵之類」十二篇的體系性

　　《銀雀山漢墓竹簡〔貳〕》收錄的第一部「論政論兵之類」共由五十篇組
成。所謂「論政論兵之類」，只是編者（銀雀山漢墓竹簡整理小組）的擬稱，
竹簡自身並未有記載。但是，如下文所述，因為這些均為有關政治、軍事的
各種論述，所以該擬稱並沒多大的問題。

　　不過在此想關注的，是其全體的體系性問題。整個五十篇中是否有一定
的體系性？篇與篇的前後關係是否有較深的意義？這些均是一個疑問。眾所
周知，銀雀山漢墓竹簡的發現過程中發生過一個悲劇。即農民們把竹簡誤認
為竹籠的殘骸，而將其雜亂搬出了墓外，因此造成了很多殘簡。第二輯所收

〔註2〕　其他，還有《孫臏兵法新編註譯》（劉心健，河南大學出版社，1989 年），《〈孫
　　　　臏兵法〉白話今譯》（榮挺進、李丹，中國書店，1994 年）等。
〔註3〕　據《銀雀山漢墓竹簡〔貳〕》的「後記」記載，第二輯的定稿完成於 1981 年。
　　　　則從其定稿到刊行共費 28 年。

錄的文獻也正如其統稱爲「佚書叢殘」一般，在體系性和排序方面有很多不明確的地方。

　　然而，據編輯說明，將收錄在第三輯的篇題木牘殘片中記載有篇名。而其篇名則相當於收錄在第二輯「論政論兵之類」的第一到第十二篇的篇名。也就是說，「論政論兵之類」第一到第十二篇，姑且可以推定爲一系列相關的文獻。具體上即爲〈將敗〉、〈【將失】〉〔註4〕、〈兵之恆失〉、〈王道〉、〈五議〉、〈效賢〉、〈爲國之過〉、〈務過〉、〈觀卑〉〔註5〕、〈持盈〉、〈分士〉、〈三亂三危〉等各篇。

　　當然，這是不是一系列相關的文獻，還有待於對內容的分析。可是，曾經《孫子兵法》、《守法守令等十三篇》就是基於篇題木牘的記載而得以復原的，因此，認爲這些是有一定相關性的文獻一點是極爲重要的。在篇題木牘中列舉篇名，至少可以表明在記錄篇題木牘時，曾強烈意識到這些是一系列相關的文獻。

　　以下，將從別的角度來探討一下這十二篇是否爲有體系性的文獻。

　　首先，概觀十二篇全體的篇名就可以發現，與政治或軍事的「失」、「亂」有關的內容較多。〈將敗〉、〈將失〉、〈兵之恆失〉或〈爲國之過〉、〈務過〉、〈三亂三危〉等，只從篇名則可馬上推測到其內容。在論述政治和軍事時，極端地說，有如此則必勝的論述方法和如此則必敗的論述方法，這十二篇可以說在以後者的論述爲基調一點上是一致的，比起成功來更要留意失敗，在這一點上有著內容的共同性。

　　第二點要注意的是，分條寫的文風，比如將敗篇中，開頭爲「將敗，一曰……，二曰……，三曰……」，最後一直延續到「廿曰……」。同樣，將失篇也是從「將失，一曰……，二曰……，三曰……」開始，一直分條寫下去，最後終於「卅二曰……」。

　　兵之恒失篇，雖不是以「一曰」、「二曰」開頭，但在文末卻統一爲「……，○兵也」、「……，○兵也」，這也還是分條寫的文體。王道篇首先宣稱「王道有五」，接下來，記載了從「一曰……」、「二曰……」到「五曰……」等五條。

〔註4〕雖竹簡的篇題部分缺損的篇名無法確認，但是編者（銀雀山漢墓竹簡整理小組）根據文章的內容，進行了補充。【　】爲對原文中沒有文字進行補充的符號。在此從其所記。以下省略【　】符號。
〔註5〕原文爲「觀庫」。編者（銀雀山漢墓竹簡整理小組）將其釋讀爲「觀卑」，在此且從其意。

五議篇也是同樣，開始為「有國之五議」，接下來，記載了從「一曰……」、「二曰……」到「五曰……」等五條。效賢篇幾乎全部殘缺，內容不詳，但是如果從殘簡部分可以確認的「……國賢之二效也」進行推測的話，其也可認為是「一效」、「二效」……等進行列舉的篇章。

為國之過篇，是很明顯的分條寫。首先在各條之前均記有「·」，接著分別以「一，為國之過……」、「二，為國之過……」、「三，為國之過……」等開頭，最後一直記到「十五」。務過篇與五議篇相同，開頭記有「有國之務過」，以下，分別記載了從「一曰……」到「三曰……」等三條。觀卑篇的竹簡有殘缺，共有幾條不詳，但繼「有國之觀庫」，其文體為「一也，……」、「二也，……」，一直到「八也……」還留在竹簡上。三亂三危篇的竹簡殘缺非常嚴重，具體內容未詳，但從篇名也可得知，是將國的「三亂」、「三危」各分三條進行列舉〔註6〕。

如上所述，「論政論兵之類」十二篇在分條寫的文體上，有著共同的特點。把政治、軍事的失敗加以整理並提示出來的意識相當濃厚。有關內容，將在下一章加以探討，但至少根據以上的考察結果可以認為，這十二篇可推測為具有一定相關性的文獻。

第二節　十二篇的時代性

那麼，如果這十二篇具有一定相關性的話，其時代性又如何呢？是否存在有從內容即可判別的共同的時代性呢？接下來就這一點進行探討。

首先，來探討一下將失篇〔註7〕。

> ·將失。一曰，失所以往來，可敗也。<u>二曰，収亂民而還用之，止北卒而還闟之，无資而[九九五]有資，可敗也。</u>三曰，是非爭，謀事辯訟，可敗也。四曰，令不行，眾不壹，可敗也。五曰，[九九六]下

〔註6〕 其他，持盈篇因竹簡殘缺，內容幾乎無法確認。另外，分士篇也因竹簡殘缺嚴重內容未詳，但似為由「湯王」與「伊尹」的問答體所構成，也許僅有此篇為唯一例外的文體。不過，伊尹的發言的內容具有分條列舉的可能性。

〔註7〕 以下在引用原文時，參考《銀雀山漢墓竹簡〔貳〕》的釋文以及註釋，最後以筆者確定的文章為准。「九九五」「九九六」等數字，為原釋文中所記竹簡號碼。□為因竹簡缺損而無法判讀的文字，【】為對原文中不能確認的文字進行的補充。另外，就本章中後述的重要部分則標以下劃線，在下章以後言及的重要部分則標以波浪線。

不服，眾不爲用，可敗也。六曰，民苦其師，可敗也。<u>七曰，師
老，可敗也</u>。八曰，師懷，可^{九九七}敗也。<u>九曰，兵遁，可敗也</u>。
十曰，兵□不□，可敗也。十一曰，軍數驚，可敗也。十二曰，
兵道^{九九八}足陷，眾苦，可敗也。<u>十三曰，軍事險固，眾勞，可敗
也</u>。十四【曰，□□】□備，可敗也。<u>十五^{九九九}曰，日暮路遠，
眾有至氣，可敗也</u>。十六曰，自私自亂，可敗也。十七曰，卑壘
无其資，^{一○○○}眾恐，可敗也。十八曰，令數變，眾偷，可敗也。
十九曰，軍淮，眾不能其將吏，可敗也。<u>廿曰，^{一○○一}多幸，眾怠，
可敗也</u>。廿一曰，多疑，眾疑，可敗也。廿二曰，惡聞其過，可
敗也。廿三曰，與不^{一○○二}能，可敗也。廿四曰，暴露傷志，可敗
也。廿五曰，期戰心分，可敗也。廿六曰，恃人之傷^{一○○三}氣，可
敗也。廿七曰，事傷人，恃伏詐，可敗也。廿八曰，軍輿无□，
可敗也。廿九曰，羣^{一○○四}下卒眾之心惡，可敗也。卅曰，不能以
成陣，出於夾道，可敗也。卅一曰，兵又前行後^{一○○五}行之兵，不
參齊於陣前，可敗也。卅二曰，戰而憂前者後虛，憂後者前虛，
憂左^{一○○六}者右虛，憂右者左虛。戰而有憂，可敗也。^{一○○七}

此篇，曾被分類在《孫臏兵法》中的一篇。其後，由於重視篇題木牘的記載，
此次從《孫臏兵法》中分離出來，重新編入了「論政論兵之類」之中。在此，
就有了排除《孫臏兵法》成見，重新探討其時代性的必要性。

在此將失篇中，如「二曰，無資而有資，可敗也」等重視兵站，如「二
曰，收亂民而還用之，止北卒而還鬥之」或「九曰，兵遁，可敗也」等擔心
人民的大量動員或逃跑。另外，如「七曰，師老，可敗也」「十五曰，日暮路
遠，眾有至氣，可敗也」或「十三曰，軍事險固，眾勞，可敗也」等，以長
距離進攻或構築堅固的要塞等爲念，設想著長期作戰。這種兵學性質的記述，
是以較《孫子》稍晚的戰國時期爲前提的吧。

另外，在兵之恆失篇中，還重視以下幾點。

・兵之恒失，政爲民之所不安爲……^{一○○九}

・欲以敵國之民之所不安，正俗所……之兵也。<u>欲以國【兵^{一○一○}之
所短】，難敵國兵之所長，耗兵也。欲強多國之所寡，以應敵國之
所多，速屈^{一○一一}之兵也</u>。備固，不能難敵之器用，陵兵也。器用
不利，敵之備固，挫兵也。兵不^{一○一二}稱，內疲之兵也。多費不固

□一〇一三……【兵不能】長百功，不能大者也。兵不能昌大功，不知會者也。兵失民，不知過者一〇一四也。兵用力多功少，不知時者也。兵不能勝大患，不能合民心者也。<u>兵多悔，信一〇一五疑者也。</u>兵不能見禍福於未形，不知備者也。兵見善而怠，時至而疑，去非而一〇一六處邪，是譽而弗能居，不能斷者也。一〇一七……<u>使天下利其勝者也。</u>一〇一八

在此，如「欲以國兵之所短，難敵國兵之所長，耗兵也」「欲強多國之所寡，以應敵國之所多，速屈之兵也」等，是以「（本）國」和「敵國」的對峙為前提。同時，又有「使天下利其勝者也」等，存在著面向全「天下」的視野。從此也可推測其為戰國時期，特別是以戰國後半期為前提的記述。

接下來，看一下王道篇中的記述。

> 王道有五。一曰<u>能知為君為國之致</u>。二曰能以國家□【□□□】【鄰】〔註8〕一〇二四<u>國之君親，遠方之君至</u>。三曰能神化。四曰能除天下之共憂。五一〇二五曰能持尚功用賢之成功。一〇二六

在此，論述「王道」是以「能知為君為國之致」為其條件的。另外，還論述了與「鄰國之君」「遠方之君」之間親密交往的關係。並且，是以全「天下」的「共憂」為問題的。這樣就有必要設想，其時代也是與兵之恆失篇差不多為同一時期。

如此把「國」與「天下」一起論述的例子，在五議篇中也可見到。

> ‧有國之五議。一曰，百言有本，千言有要，萬言有總。能總言，能知言之所至者也。一〇二八<u>能知言之所至，能為有天下有國者定治之高卑</u>。不能知言之所至，【不能為有一〇二九天】下有國者定治之高卑。有國之一議也。一〇三〇

> ‧【二曰，□□□□能知知之所】至者也。能知知之所至，能為有天下有國者定可與一〇三一不可。不能知知之所至，不能為有天下有國者定可與不可。有【國之二議也】。一〇三二

> ‧<u>三曰，言用行，行而天下安樂，能極得。能極得，萬民親之，天</u>【地與之，鬼神相】一〇三三<u>助。不能極得，萬民弗親，天地弗與，鬼神弗助。</u>有國之三議也。一〇三四

〔註8〕《銀雀山漢墓竹簡〔貳〕》中，對這部分留有空白，從前後的句意來考慮，加入「鄰」字的可能性較高。

・四曰，天不言，萬民走其時，地不言，萬民走其財。能知此，知
治之所至【者也。能知治】一〇三五之所至，能不以國亂，能不以國
危。不能知治之所至，不能不以國亂，不能不以國一〇三六危。有國
之四議也。一〇三七

【・五曰】……【能知極不可亂】之治也。能知極不可亂【之治，
能不以國惑】，一〇三八能不以國怠。不能知極不可亂之治，不能不
以國惑，不能不以國怠。有國之五一〇三九議也。五議，有國之所以
觀……一〇四〇

如上所示，「有天下」和「有國」並記在一起。而且表明了對「萬民」和「國
亂」「國危」的憂慮。

接下來需注目的是爲國之過篇。

【・一】，爲國之過，欲下之上合，民之上親也，而法令不行，其下
易得而進也，易得【而退】一〇四五也，其民易得而利，易得而害也。
故其下无道上合，民无道上親。一〇四六

・二，爲國之過，欲士之用，民之固也，而國利所在失宜。故其士
无以□一〇四七……

【・三，爲國之過】，欲民之易牧也，不定國風，而欲徒以名數・連
伍・刑罰牧之。故其民一〇四八……數，避伍，行姦，避事一〇四九……

・四，爲國之過，欲民之和勸，不可與慮它也，而民无恃上之心，
不固而輕變。故其民一〇五〇易動，可與慮它。一〇五一

・五，爲國之過，欲士卒之輯睦□□也，而其勞佚人也不等等進一〇
五二……不如无辯，賞罰不信，功不貴，勞不利。故其士卒以遠敵
去危避勞爲故，其吏便以爲一〇五三重利。一〇五四

・六，爲國之過，欲國之富，有大事可以持久也，而以厚使。厚使
則民相隔。民相隔也，則所有一〇五五□物見者病，匿者利。所有□
物見者病，匿者利，則損於田疇，損於畜長，損於樹藝，損於畜
積，損於器一〇五六カ【用】。五者曲損，則國貧，有大事不可以持久，
其吏便以爲重利一〇五七。

・七，爲國之過，欲吏之毋穀民利也，而其所以使民之勢易姦也，
不可以應大事，一〇五八有大事必畏，其吏便以爲重利。一〇五九

・八，爲國之過，欲其吏大夫之毋進退禁令以相爲，驅以爲重利也，

而无以審其吏治之⁻○六○失。故其吏大夫多進退禁【令以】相爲，
驅以爲重利。⁻○六一

・九，爲國之過，欲吏之廉忠毋【□】官也，欲民之毋行姦要利也，
而无以論其吏大夫之士非⁻○六二士。故其吏大夫多不矜節，民多
姦。⁻○六三

・十，爲國之過，欲下之盡智竭能也，而无數以知合與不合，中與
不中。故其下无道⁻○六四爲上盡智竭能。⁻○六五

【・十】一，爲國之過，欲國之治強也，而其所貴非君之所以尊也。
其所富非國之所以富⁻○六六也。故其國亂弱。⁻○六七

・十二，爲國之過，欲國德之及遠也，而驕其士曰「士非我无道貴
富」。其士驕其君曰「國⁻○六八非士无道安強」。<u>其君至於失國而不
悟</u>，其士至於飢寒而不進。上下不合，國德无【以及遠】⁻○六九……。

・十三，爲國之過，其所欲與其端計相詭也。何以言之。以城量財
物以易其國，端計⁻○七○无予者，而人君之所以侵民者之爲財物也
不央，如以城量之，而人君以亡其國，故其⁻○七一……。

・十四，爲國之過，欲有國之長久也，而不務其所以取尊安於民。
萬民之有君而共⁻○七二尊之安之也，求得治焉也。夫君萬民而以狼
畜之，故其⁻○七三……。

・十五，爲國之過，欲有國之長久也，而行速失之道。其所以然，
務過也。何謂務過。聖⁻○七四王明君之爲國也，務不可奪，故人莫
之務取。失國者之爲國也，不務⁻○七五不可奪，而務察奪，不⁻○七
六……□守戰。何謂不可奪。聖王明君之爲國也，下上合，民上⁻
○七七親，孰能取之。⁻○七八

在此列舉了執行政治之際失敗的原則，其中如「三，……徒以名數、連伍、
刑罰牧之」，有以連坐制或刑罰的施行爲前提的記述。從篇名來看，此篇常念
及「國」的存亡，特別是「五，……其之士辛遠敵去危避勞」的態度就是以
「國」和「敵」的對峙狀況爲前提。另外，也可見如「十二，……其君失國
至於失國而不悟」等，念及「失國」即一國的衰亡的論述。這些均是以因戰
爭勝敗而不斷引發各國合併與分裂的時代爲前提的。

這樣的傾向，也可見於務過篇。

有國之務過。一曰，不知城之不可以守地。⁻○八○

　　二曰，不知治之不可爲萬民先者。一○八一

　　三曰，不知民之不可以應堅敵。一○八二

在此，論述了本國和「堅敵」的關係。

　　同樣，觀卑篇，也是以與敵國征戰而帶來國家衰亡的危機感爲前提的。

　　有國之觀卑。一也，不見亡地。二也，不見亡理。三也，不見將亡
　　之一○八四國。四也，不見忘民之國。五也，不見【□□，六也】，不
　　見危國。七也，一○八五不見亡國。八也，一○八六不見失俗之一○八六……

也即，如「將亡之國」「危國」「亡國」等詞語，正體現了這樣的危機感。

　　如上所述，「論政論兵之類」十二篇，基本上是以本國和敵國的對峙狀態
爲前提，同時，又有著全「天下」的視野，在一定場合，還抱有本國也許會
「亡國」的危機感。綜合考慮其內容，作爲這十二篇之前提的時代性，可以
說戰國時期的後半期才是最爲相符的。

　　不過如將視野擴大到「論政論兵之類」全體的五十篇時，還可發現更爲
重要的論據。比如，第十四的客主人分篇中，可見「帶甲數十萬」的語句。
這比《孫子》作戰篇中的「革車千乘，帶甲十萬，千里饋糧，內外之費，賓
客之用，膠漆之材，車甲之奉，日費千金，然後十萬之師舉矣」，以及用間篇
的「凡興師十萬，出兵千里，百姓之費，公家之奉，日費千金」等「十萬」
的數值較大，正好反映了戰國中期以後的時代面貌。

　　另外，第二十八的選卒篇中有「秦四世以勝」。這種表達方式在《荀子》
議兵篇中也能見到。是論述戰國中期以後秦國（孝公、惠王、武王、昭王的
時代）常勝情況的內容。

　　這些不但沒有與上述探討結果相抵觸，反而可以認爲是在對其進行旁證
的表達方式和內容。不過，因爲篇題木牘中似乎沒有記載十二篇以後的篇名，
所以在當前，原則上僅限定在十二篇之內就其時代性進行考察。

第三節　兵學思想史上的性質

　　如上所述，「論政論兵之類」十二篇在文體，內容，時代性上沒有較大的
衝突，正如篇題木牘所記載的一樣，推測爲具有一定相關性的文獻比較妥當。

　　那麼，下面將從思想性特徵方面來對這一點進行考證。在此想注目的是，
作爲十二篇兵學思想的特徵。

　　《孫子》是當時比較突出的具有合理性思考的，論述以權謀術數為宗旨的兵學。《吳子》或《孫臏兵法》、《尉繚子》等，其本上也是繼承了這樣的兵學思想，後來這些都被稱為「兵權謀」的兵法。不過，作為一個思想潮流，在此不能忽視的是「兵陰陽」。所謂「兵陰陽」，《漢書》藝文志中定義為「陰陽者，順時而發，推刑德，隨鬥擊，因五勝，假鬼神而為助者也」，是一種咒術性很高的兵法。這樣的兵法，在戰國時期有很強的影響力。

　　在此，先總結一下其他的兵書對於「兵陰陽」持有什麼樣的態度。首先，《孫子》、《孫臏兵法》、《吳子》、《司馬法》、《三略》等古代兵書，均論述了基於人為和權謀的兵學思想，其中，幾乎不含有「兵陰陽」的要素。春秋戰國時期，開戰時占卜吉凶，用種種的占卜術來預測勝敗是理所當然的行為。對此，如上所述的兵書，幾乎不含有這樣的咒術的要素，將合理性思維貫徹始終。

　　其次，雖說同為合理性思維，稍呈不同樣態的是《尉繚子》。《尉繚子》立足於人為主體的思想基礎之上，表明了極為現實的富國強兵思想。另一方面，對「兵陰陽」思想展開激烈的批判是其一大特徵。比如「舉賢任能，不時日而事利。明法審令，不葍筮而事吉。貴功養勞，不禱祠而得福」(《尉繚子》戰威篇)。也就是說，如採用有能力的人材，即使不依日時的吉凶，也必定對事業有利。如明確法令，即使不依靠葍筮，事業也能為吉。如尊養有功績者，即使不祈禱也能得福等，明確否定了「時日」「葍筮」「禱祠」等。《尉繚子》把「兵陰陽」這樣具有咒術性質的兵法，看作是放棄人為努力的欺瞞和詐術，進行了嚴厲的批判。

　　但是，這反過來也暗示了，「兵陰陽」的兵法在當時的影響力是如何之強大，並且，癡迷於其中的君主和將軍是如何之多。在這一點上可參考的，是《韓非子》的論述。

　　　龜笑鬼神不足舉勝，左右背鄉不足以專戰。然而恃之，愚莫大焉。(《韓
　　　非子》飾邪篇)

所謂「龜笑鬼神」，是根據龜葍或筮竹進行占卜，是鬼神的祭祀。而「左右背鄉」，是我軍和敵軍的位置關係，從左右逆順等空間位置來判斷吉凶。對依靠這些的世上的將軍們，《韓非子》認為非常愚蠢並加以嘲笑。《韓非子》不是兵家之書，但是如同兵權謀的兵書一般，始終貫穿著徹底的合理主義思想。兵陰陽的兵法，遭到了這些站在合理主義立場上的思想家們嚴厲的批判。另

外，也必須設想在當時有著《尉繚子》和《韓非子》不得不進行大聲批判的現實環境〔註9〕。

那麼在「兵權謀」和「兵陰陽」如此尖銳對立中，「論政論兵之類」十二篇，採取了怎麼樣的思想立場呢？

首先，將敗、為國之過、務過、觀卑各篇中，完全見不到「兵陰陽」的要素。這些篇章，列舉了政治和軍事，還有將軍的過失，但是，均是以《孫子》流派的合理思維為基礎進行的論述。

而且，還有否定「兵陰陽」要素的地方，比如，在將失篇中，把將軍的失敗論說如下。

　　廿曰，多幸，眾怠，可敗也。廿一曰，多疑，眾疑，可敗也。

這裡指出的「幸」「疑」中，不正是包含有祈禱和占卜等要素的嗎？將敗篇指出，如果這樣的求神保佑或心理上的不安如果在軍隊中蔓延開來的話，則必敗無疑。

同樣，在兵之恆失篇中也就「疑」做了如卜論述。

　　兵多悔，信疑者也。

這裡所說的「疑」中，也是包含有由咒術得來的不可靠的資訊吧。於是警告道如果相信這些，則必定會後悔的。

此外，「天」和「地」的言語，在具有人格神的性質，能給予人們禍福的意義上，有時也在「兵陰陽」的兵法中起到重要的作用。但是，十二篇中說的天地，卻不是這樣的意思。

　　四曰，天不言，萬民走其時，地不言，萬民走其財。（五議）

在此，天和地均被作為「不言」的存在。而且，儘管天地不言，民卻被作為是辨時宜，謀理財的存在。倒不如說，在此可以看到置重心於人為的想法。

但是，也有兩三個需要注意的詞語。例如，王道篇中，有「三曰，能神化」。這個「神化」如果按照字面意思來理解的話，就是咒術的兵法。但是，王道篇全體決不是在論述咒術。此處所謂的「神化」，是指賢德的王者的治世，從人民的眼裡看上去，會呈現出神妙變化的意思。這是與《孫子》虛實篇的「神乎神乎，至於無聲」相近性質的詞語。這個「神」不是字面意思的神仙。使用了「神」這個字，是因為如此至尊無上的軍隊的行動，對於敵人來說已

〔註 9〕　有關「兵權謀」和「兵陰陽」的思想對立和發展狀況，詳細請參考拙著《戰いの神—中國古代兵學の展開—》（研文出版，2007 年）。

經超過了人智理解的範圍。到底是天命還是偶然，敵人對其敗北的原因終因過於神秘而百思不解。此處也正是這種意義上的「神化」。

需要注意的一點是，五議篇的「鬼神」。在五議篇中，「不能極得，萬民不親，天地弗與，鬼神弗助。有國之三議也」。的確，所謂「兵陰陽」的兵法，就是欲借鬼神之力來取得勝利。但是，這裡所說的鬼神，不一定就是帶來軍事勝利的超越性的存在。只不過是在說如果不實行恰當的政治，就會萬民不親，不能得到天地的恩惠，就連祖先靈魂的幫助也無法得到。並不是表示要放棄人為的努力，一味地祈禱鬼神。

如此概觀十二篇全體，其兵學思想的特徵也就非常明確了。「論政論兵之類」十二篇，在「兵權謀」和「兵陰陽」的尖銳對立當中，很明顯是在論述「兵權謀」類型的思想。

不過，《銀雀山漢墓竹簡〔貳〕》中所收錄佚書的第二部中有「陰陽時令·占候之類」。因此《銀雀山漢墓竹簡〔貳〕》全體的思想性格，還有重新探討的必要。但作為「論政論兵之類」總結在第一部的諸篇，特別是篇題木牘中列舉有篇名的十二篇，可以認為是具有統一的思想性質。這十二篇中，如將敗篇，將失篇，曾被介紹為《孫臏兵法》中的一篇。之所以對此說法沒有過太大的異議，是因為把其作為《孫子兵法》其中一篇的想法沒有任何不自然之處吧。這十二篇，就其思想傾向而言，與《孫子》《孫臏兵法》之間並未感覺到有太大的齟齬。

第四節　十二篇的意義

最後，就「論政論兵之類」十二篇的意義總結如下。此次作為《銀雀山漢墓竹簡〔貳〕》公開的「論政論兵之類」是具有五十篇的長篇。這些篇章具有把政治，軍事的要訣以分條寫的形式總結在一起的，這樣一個文體上的特色。特別是，篇題木牘上列舉有其名稱的十二篇，具有共同的文體以及思想特徵。因此，至少在記錄篇題木牘時，就已經意識到這些文獻是具有一定相關性的文獻了吧。

其思想傾向，大致上與《孫子》《孫臏兵法》相同，而其內容則更為豐富。估計是在戰國時期諸多戰爭體驗的基礎上，整理出從具體的戰例中得到的經驗教訓，並將其歸納後以分條寫的形式總結出來的吧。很明顯，在戰國時期，除了所謂「武經七書」以外，還存在有諸如此類的許多兵學著作。這是其意

義之一。

　　另外，古代兵書中的一大特徵，是具有把政治和軍事視爲一體的傾向。《孫
子》自不待言，《司馬法》亦然，並提出了「國容」、「軍容」的概念，認爲平
時的內政和危急時的戰鬪是表裡一體的〔註10〕。「論政論兵之類」也正是這樣
的一個文獻，顯示了戰國時期的政治思想和軍事思想的密切關係。這是其意
義之二。

結　語

　　如上所述，本稿就《銀雀山漢墓竹簡〔貳〕》收錄的「論政論兵之類」五
十篇中在篇題木牘上列有篇名的十二篇加以了考察。這些文獻無論從文體，
還是從思想性質等觀點上，均可推測爲具有一定相關性的文獻。其作爲反映
戰國時期政治思想，軍事思想狀況的重要文獻應該給予重新評價。

　　只是，「論政論兵之類」中也曾有編入《孫臏兵法》的篇章。的確在《孫
臏兵法》刊行之際（1975 年），對於爲何將其編入《孫臏兵法》，曾有過若干
的疑問。至少，沒有確實的證據。但是據此次公開的《銀雀山漢墓竹簡〔貳
〕》的說明，「論政論兵之類」中十二篇，在篇題木牘中列舉有其篇名。很明
顯，這是在初期編入階段發生的錯誤。至少有數篇已經判明並不是《孫臏兵
法》。

　　如此，在此十二篇之外曾被作爲《孫臏兵法》介紹的篇章（例如，第十
四的客主人分篇，十五的善者篇，十八的奇正篇等），就有必要重新加以考察。
必須排除屬於《孫臏兵法》的成見，重新進行分析。另外對於《孫臏兵法》，
也有了重新考察的必要性。曾經作爲《孫臏兵法》的數篇其實是不同文獻「論
政論兵之類」的一部分。因此，將該部分排除以後，重新考察《孫臏兵法》
的體系性和思想特徵的工作就變得非常有必要。

　　只有進行這樣的重新考察，中國古代兵學思想史的研究才會取得進一步
的發展。

〔註10〕 有關這一點的詳情，請參考拙著《中国古代軍事思想史の研究》（研文出版，
　　　　1999 年）。

第十章　興軍之時──關於銀雀山漢墓竹簡〈起師〉

序　言

　　1972 年，從中國山東省臨沂銀雀山的漢墓出土了大量的竹簡。這些竹簡被命名爲「銀雀山漢墓竹簡」，1985 年，以《銀雀山漢墓竹簡〔壹〕》（銀雀山漢墓竹簡整理小組，文物出版社）的形式，對其一部分進行了公開。

　　在這一輯中收錄的是，銀雀山漢墓竹簡中的《孫子兵法》、《孫臏兵法》、《尉繚子》、《晏子》、《六韜》、《守法守令等十三篇》，此外，還預告了在第二輯中收錄「佚書叢殘」，在第三輯中收錄「散簡」「篇題木牘」「元光元年曆譜」等。

　　另外，在 2010 年 1 月，又刊行了《銀雀山漢墓竹簡〔貳〕》（銀雀山漢墓竹簡整理小組，文物出版社）。這已是在發現銀雀山漢墓竹簡 37 年後，刊行《銀雀山漢墓竹簡〔壹〕》24 年後的事情了。

　　其內容爲在第一輯中預告的「佚書叢殘」。全體分爲「論政論兵之類」「陰陽時令、占候之類」「其他」等三部分。這三部分，在內容上並沒有密切的關聯，可以認爲是對第一輯中偶爾漏編的部分進行編輯後收錄進來的。因此，對第二輯所收文獻進行研究時，首先有必要對這三部分別加以考察。

　　之前，筆者就此「論政論兵之類」全五十篇之中，篇題木牘中記有其名稱的開頭的十二篇進行了考察〔註1〕。通過考察得出了這樣的假說，即這些基

〔註 1〕 參閱本書第三部第九章〈關於銀雀山漢墓竹簡〈論政論兵之類〉〉（《中國研究集刊》第 52 號，2011 年 2 月）。

本上都是在與《孫子》兵法保持同一基調的同時，又實現了獨自的發展。

在此，本章繼續就「論政論兵之類」中的〈起師〉篇進行分析。之所以要考察〈起師〉篇，是因爲其中具有獨特的興軍的理論。

第一節　銀雀山漢墓竹簡〈起師〉釋讀

首先，對〈起師〉篇全體進行釋讀。所引原文，是在參考《銀雀山漢墓竹簡〔貳〕》的原釋文以及註釋之後，最終由筆者確定的文章。從「一一七〇」至「一一七四」的漢字小字部分，爲原釋文中所記的竹簡號碼。「背」是指竹簡的背面（反面）。□是指竹簡欠損不能判讀的文字。【】爲原文中不能確認而由筆者補充的文字，①②等爲筆者所加的語注。以下按照原文、現代文翻譯、語注的順序進行排列。

原文：

起師^{一一七〇背}

明王之起師也，必以春。春則溝澮枯，□徐（途）達，者君（諸郡）嬰兒桑蠶巨事在^{一一七〇正}外，六畜散而在野。故□□爲客者利矣。秋則主人小城並，法（廢）邑移，大木^{一一七一}□，□木伐，清徐（途）道，焚□澤，㩉（撤）廬屋，□外利，注之城中，則爲客者不^{一一七二}利矣。冬則主人策會，脩（修）成要塞，移水並險，竭戟而守仄（阻），謀士達於^{一一七三}上，遊士出交，起吏動勸，合交結親，定其內慮，合其外交，則爲客者危^{一一七四}矣。　百廿九^{一一七五}

文章大意：

英明的王興軍必在春季。春季溝水乾涸，道路通達（易於行軍），諸郡的兒童，桑蠶，物資出於屋外，家畜也放牧於郊外（易於奪取物資）。因此春季對客方有利。

秋季，主人整理小城，轉移廢邑，將大木…，伐…木，清掃道路，焚燒山澤，撤掉（野外的）廢屋，收城外之利，將其集中至城中，所以對客方不利。

冬季，主人策劃與他國的會談，修繕要塞，移動水路連接險阻之地，對戟類（等武器）進行總的檢點，守護險要山關（等戰略據點），向上方（王）推薦謀略之士，游士則致力於外交，發動官員使之工作（致

力於内政），進行（與他國的）外交並結好，解決國内的憂慮，統合國外的外交關係，使客方置於危險之地。

語注：

起師……一一七○簡的簡背所記篇題。《銀雀山漢墓竹簡〔貳〕》中，將之作爲「論政論兵之類」的第十七篇進行登載。

溝澮……田間的溝。澮爲小溝。一說爲大溝。《孟子》離婁下中有「七八月之間雨集，溝澮皆盈」。七八月相當於新曆六七月。梅雨時節。所謂「溝澮枯」，則表示因在梅雨時節之前所以沒有泥濘的意思吧。

□途……有「道」途（塗），「征」途，「長」途等的可能性。

者君……重視字形，從原釋文釋讀爲「諸郡」。

巨事……該語不見於傳世文獻中，然「巨」字多義，在此，取其種種事物，物資之意。

故□□爲客者利矣……欠損的二字，從文脈可認爲有「以春」的可能性，但在照片圖版的上字左端似爲「亻」（人字旁），另外下一字的左半部分似爲「東」。

□澤……有可能爲「沛」澤（草木茂盛的濕地）或「山」澤。在《管子》揆度篇中爲「至於黃帝之王，謹逃其爪牙，不利其器，燒山林，破增藪，焚沛澤，逐禽獸，實以益人」，《孟子》滕文公上中爲「益烈山澤而焚之，禽獸逃匿」。因照片圖版中的缺損字左側似爲「氵」（三點水旁），試在此處填入「沛」字，另外，在《孫子》軍事篇中，有「山林險阻沮澤之形」，也可能爲「沮澤」。

□外利……有「收」外利，「刈」外利，「内」外利等的可能性。

百廿九……此數字與文中字數一致。但文中有可能遺漏有關「夏」的記述，可認爲是在誤書寫全體之後進行計數，並將此數字記錄下來的。另外，記錄有此數字的一一七五簡中僅有「矣　百廿九」，到底是否爲〈起師〉的文末，還不好確定。如果此簡並非〈起師〉的文末，那麼在一一七○簡與一一七一簡之間，就有可能另有一枚關於「夏」的竹簡，總字數也有可能超過一百五十。

如此，〈起師〉把行軍的主體分爲「客」與「主人」，並基於對客方是否有「利」的合理性思維來對舉兵的時期進行了論述。

此時具體的「利」，即爲「客」方易於進攻「主人」一方，「客」方易於奪取「主人」方的利益（糧食，物資等）等。

例如，春季與梅雨期不同，沒有泥濘，道路通達易於行軍。而冬季時收藏的種種物資搬出屋外城外，則易於奪取。從此觀點，認爲於「客」方有利。

此外，秋季是收斂的季節。「主人」方面，整理小城，廢邑，材木等，城外的物資集約到城內。因而「客」方奪取物資比較困難，即爲不利。

加之，冬季「主人」方面充實內政，並策劃外交，致力於國家基礎的整備。如果進攻這樣的國家的話，對「客」就不止是「不利」，而會處於「危」險之中。

但在此不見有關夏季的記述。這應該不是故意省略或忽視的結果吧。因爲很明顯，在整體上是在就四時進行論述，可以認爲是有誤寫（書寫遺漏）的可能性。如此的話文末的「百廿九」的數字該如何理解呢？

在文獻的末尾記錄數字的手法，不僅見於此銀雀山漢墓竹簡中，也散見於其他上博楚簡等出土文獻中，大概是爲避免錯簡誤脫等書寫上的一種方法吧。如果是這樣的話，「百廿九」的數字的確和文中數字相符。然而，此文很明顯具有誤寫（記載遺漏）。那麼就可推測爲，這個數字並不是原來竹簡上所記載的文字，而是該竹簡的書寫者將竹簡全篇誤抄（抄寫中遺漏了夏的部分）並計數後，記錄下來的數字〔註2〕。

第二節　興軍的理論——時令說和《孫子》

〈起師〉的最大特色，是舉出了「春」季是對「客」方有利的季節一點，這樣的觀點在中國古代思想史上，具有何等的意義呢？

在此首先令人想起的，就是時令說中關於軍事的定位。關於興軍的時節，特別是就四時的論說，在《呂氏春秋》十二紀、《禮記》月令篇中均有記述。因兩者的記述基本相同，在此，僅就《呂氏春秋》進行一下考察。

《呂氏春秋》十二紀，記載了春夏秋冬各自應該進行的人事。例如，在夏季配置有關音樂諸篇，在秋季配置軍事諸篇等。

那麼，軍事在秋篇中是如何記述的呢〔註3〕？

> 是月也，以立秋。先立秋三日，大史謁之天子，曰，「某日立秋，盛

〔註2〕　不過，如果進一步推想的話，還可以設想有其他的可能性。其一，「百廿九」不是書寫者記入的，有可能是由後人進行計數後記入的。其二，如語注⑨所記，記錄了這個數字的一一七五簡很有可能原本就不是〈起師〉的末尾。

〔註3〕　下面就特別需要注意的部分，有時在文中的一部分引有下劃線。

德在金」。天子乃齊。立秋之日，天子親率三公九卿諸侯大夫以迎秋
於西郊。還乃賞軍率武人於朝。<u>天子乃命將帥，選士厲兵，簡練桀
儁。專任有功，以征不義，詰誅暴慢，以明好惡，巡彼遠方。</u>（孟秋
紀孟秋篇）

是月也，命有司，修法制，繕囹圄，具桎梏，禁止姦，慎罪邪，務
搏執。命理，瞻傷察創，視折審斷，決獄訟，必正平。戮有罪，嚴
斷刑。天地始肅，不可以贏。（同）

如上所述，《呂氏春秋》把軍事和刑罰的執行，記述爲應該在「秋」季實行的
人爲。秋季是種種事物收斂的時節。就具體的人事而言，是指使惡事得到收
斂的刑罰和軍事。那麼，如果違反這樣的人爲會如何呢？

孟秋行冬令，則陰氣大勝，介蟲敗穀，戎兵乃來。行春令，則其國
乃旱，陽氣復還，五穀不實。行夏令，則多火災，寒熱不節，民多
瘧疾。（孟秋紀孟秋篇）

如此，如果違反了四時和人事的關係，就會引起種種災禍。如警告說，在孟
秋行「冬令」的話，則會發生陰氣大勝，害蟲損害穀物，外敵來襲等。

那麼在十二紀中，是如何評價春、夏、冬季的軍事行動的呢？首先，來
看一下春季的記述。

<u>是月也，不可以稱兵，稱兵必有天殃。兵戎不起，不可以從我始。</u>
無變天之道，無絕地之理，無亂人之紀。（孟春紀孟春篇）

孟春行夏令，則風雨不時，草木早槁，國乃有恐。行秋令，則民大
疫，疾風暴雨數至，藜莠蓬蒿並興。行冬令，則水潦爲敗，霜雪大
摯，首種不入。（同）

季春行冬令，則寒氣時發，草木皆肅，國有大恐。行夏令，則民多
疾疫，時雨不降，山陵不收。行秋令，則天多沈陰，淫雨早降，<u>兵
革並起</u>。（同）

如此，在春季的興軍被嚴厲地否定了。說如舉兵必有「天殃」，絕不可由己方
來興軍。另外，如果春季行「秋令」的話（即如果興軍的話），在民眾中會發
生疫病，疾風和暴雨會常常發生等，就會產生種種混亂。如果在春季行「冬
令」的話，冬季不興的「兵革」就會多數發生。所以春季不是軍事的季節。

那麼，夏季又如何呢？

是月也，樹木方盛，乃命虞人入山行木，無或斬伐。不可以興土功，

不可以合諸侯，<u>不可以起兵動眾</u>。無舉大事，以搖蕩於氣。無發令而幹時，以妨神農之事。水潦盛昌，命神農，將巡功。舉大事則有天殃。（季夏紀季夏篇）

夏季也被認爲是不應該大興軍事動員大眾的季節。「神農之事」即指不可妨害農業。並且說，如興「大事」（軍事）的話，就會有「天殃」。

最後，來看一下冬季。

仲冬行夏令，則其國乃旱，氣（氛）霧冥冥，雷乃發聲。行秋令，則天時雨汁，瓜瓠不成，<u>國有大兵</u>。行春令，則蟲螟爲敗，水泉減竭，民多疾癘。（仲冬紀仲冬篇）

冬季是事物收藏的季節。冬季如行「秋令」，則會降霙不斷，國內勃發大的戰爭。

如此，在十二紀中，把「秋」作爲軍事的季節，警告說如在此外的春、夏、冬實行軍事行動的話，就會降下「天殃」，發生種種弊害。

時令說，是論述在各自的時節均有其相符的人事，並且如果行與時節相違的人事則會降下天災的天人相關思想。從如此的立場出發，《呂氏春秋》和《禮記》僅限於秋季對軍事予以認可。

那麼，《孫子》十三篇中又如何呢？《孫子》從與如此天人相關思想完全不同的角度對軍事之時進行了論述。即把是否與「利」一致，作爲興軍可否的基準，而沒有特定季節的記述。以下九地篇的觀點就是最典型的例子。

古之善用兵者，能使敵人前後不相及，眾寡不相恃，貴賤不相救，上下不相收（扶），卒離而不集，兵合而不齊。<u>合於利而動，不合於利而止</u>。（《孫子》九地篇）

以是否符合「利」來對軍事行動的可否進行了論述。以下的火攻篇的記述也是同樣，另外在火攻篇中，更舉出了不可作爲興軍動機的，君主或將軍個人的怨恨。

故曰，明主慮之，良將修之。<u>非利不動，非得不用，非危不戰。主不可以怒而興師，將不可以慍而致戰。合於利而動，不合於利而止</u>。怒可以復喜，慍可以復悅，亡國不可以復存，死者不可以復生。故明主愼之，良將警之，此安國全軍之道也。（火攻篇）

君主不能以一己之怒命令開戰，將軍不能爲泄私恨而發動戰爭。總之如果合乎利益則發動戰爭，不合利益則中止戰爭。憤怒終究會變爲歡喜，仇恨終究

會變爲快樂。但國家滅亡了就不能再次復興，死者也不可能再次蘇醒。

這就是說發動戰爭的契機，必須符合客觀的條件。《孫子》強調的，就是是否符合「利」一點。

那麼，這個「利」，具體是指什麼呢。首先可以認爲，是指作爲戰略據點的城塞和重要的行軍路，還有支援軍事行動的糧食，物資等。其中的物資和糧食，《孫子》論述說應該向敵人奪取。

· 善用兵者，役不再籍，糧不三載。取用於國，因糧於敵。故軍食可足也。（作戰篇）

· 智務食於敵。食敵一鐘，當吾二十鐘，卯逼一石，當吾二十石。（同）

· 取敵之貨者，利也。故車戰，得車十乘已上，賞其先得者，而更其旌旗，車雜而乘之。卒善而養之，是謂勝敵而益強。（同）

在此作戰篇中所論述的，是物資、糧食等的當地籌措的原則。我軍越過國界對他國進行進攻時，因後勤補給線拉長，從本國調撥物資便會發生困難。因此說，軍隊應向「敵」方奪取「糧」「貨」等「利」。只有在判斷這樣的「利」容易奪取時，《孫子》才認爲是應該發動軍隊的一個時機。

另外，在《孫子》中，也可見到「時」的用語。不過不是時令說中的四時。比如在計篇中，列舉有「五事」之一的「天」，並論述其內容爲「天者，陰陽，寒暑，時制也」。而且，在火攻篇中論述說，「孫子曰，凡火攻有五，……發火有時，起火有日。時者，天之燥也。日者，月在箕、壁、翼、軫也。凡此四宿者，風起之日也」，認爲容易起風的日子是火攻有效的日子。

如此對《孫子》中所說的「時」和「利」進行確認後，可以認爲，起師篇將「春」作爲舉兵的時節，是在重視「利」的《孫子》思想的基礎之上，又進一步將其具體化了的一種觀點。

春季是向敵人奪取糧食和物資的有利的季節，這就是〈起師〉的主張。然而，季節特定到春季，就沒有弊害嗎？與《孫子》一面主張「時」的重要性，卻不舉出特定的季節相比，〈起師〉認爲只有春季纔是興軍的季節。與《孫子》具有的普遍性，應用性相比，〈起師〉極具有具體性。這也是《孫子》和〈起師〉之間重要相異點。雖說春季是興軍的有利季節，但在實際的戰爭中也並非一定如此。也有夏季或秋季舉兵獲勝的例子。如此就可以推測，〈起師〉的這種主張，雖然在具體性上值得評價，但在實戰、實際體驗之間則會發生齟齬，導致這種想法沒有被逐漸地傳承下來。那麼，在其他的古代兵書中是

否就沒有如此的觀點呢？

在下一章中，就把視野擴展到其他兵書中進行探討。

第三節　古代兵書中所論述的興軍之時

首先在《吳子》中，作爲舉兵的儀式（手續）雖也略見咒術的要素，但基本上與《孫子》相同，貫徹了是否與利相符合的合理性思考。

是以有道之主，用其民，先和而造大事。不敢信其私謀，必告於祖廟，啓於元龜，參之天時，吉乃後舉。（《吳子》圖國篇）

在此，論述了要考慮「天時」（自然的時節），如爲吉則舉兵。而更具體的有關時節方面的論述，則在料敵篇。

吳子曰，凡料敵，有不蔔而與之戰者八。一曰，疾風大寒，早興寤遷，刊木濟水，不憚艱難。二曰，盛夏炎熱，晏興無間，行驅飢渴，務於取遠。（料敵篇）

在大寒和盛夏進行困難行軍的敵人，可以擊破之。換言之，即嚴寒期和酷暑時節是不宜興軍之時。

在以下《孫臏兵法》中，也基本上是繼承了重視人事的《孫子》的合理性思考。只是在月戰篇中，還有論述勝率和天體之關係的部分。

孫子曰，間於天地之間，莫貴於人。戰□□□不單。天時，地利，人和，三者不得，雖勝有央（殃）。（中略）孫子曰，十戰而六勝，以星也。十戰而七勝，以日者也。十戰而八勝，以月者也。十戰而九勝，月有……【十戰】而十勝，善而生過者也。（《孫臏兵法》月戰篇）

月，是陰氣的聚集，象徵著事物的刑殺。在此，可認爲是促進了戰爭應該在月盛之時進行的觀念。勝率七成則主張了「月戰」的優越性。但是，此《孫臏兵法》月戰篇中，也在其開頭部分明言「間於天地之間，莫貴於人」，說最重要的是人事。在此重視的是人事之利，並不單純是說月之時即爲有利。

下面，再看一看《六韜》。在《六韜》農器篇中，有論述農事和軍事之關係的一節。

太公曰，戰攻守禦之具，盡在於人事。……春鏺草棘，其戰車騎也。夏耨田疇，其戰小兵也。秋刈禾薪，其糧食儲備也。冬實倉廩，其

堅守也。……春秋治城郭修溝渠，其塹壘也。故用兵之具，盡於人
事也。……武王曰善哉。(《六韜》農器篇)

在此，對照農事和戰事，論述在各自的季節中有重要的行動。而不是如〈起師〉一般，僅把春季作爲興軍的季節。而且，主張最重要的是「人事」。

接下來，《司馬法》又如何呢？《司馬法》認爲興軍不應違時，具體上，指出了在冬季和夏季不應行軍。

戰道不違時，不歷民病，所以愛吾民也。不加喪，不因凶，所以愛
夫其民也。冬夏不興師，所以兼愛民也。故國雖大，好戰必亡。天
下雖安，忘戰必危。天下既平，天子大愷，春蒐，秋獮，諸侯春振
旅，秋治兵，所以不忘戰也。(《司馬法》仁本篇)

認爲避開農繁期和疫病，在冬夏不舉兵是爲了愛民。此點，與在嚴冬期和酷暑時節戒舉兵的《吳子》相同。另外，在此《司馬法》仁本篇中，說平時在春秋也應該進行軍事演習，但是，這是在說即使在平時也要有不忘戰爭的心理準備，並不是在勸說春秋時節的興軍。

下面，再來看一下銀雀山漢墓竹簡「論政論兵之類」中的〈兵失〉篇。此篇在發現後的整理中，被暫時編入了《孫臏兵法》，其後在 1985 年刊行的《銀雀山漢墓竹簡〔壹〕》中被除外，在這次《銀雀山漢墓竹簡〔貳〕》中又被新編入「論政論兵之類」之中。

· 兵用力多功少，不知時者也。(銀雀山漢墓竹簡〈兵失〉)

· 兵見善而怠，時至而疑，去非而弗能居，止道也。(同)

在此，論述了興軍之「時」。只是並不是具體的四時。而是和《孫子》論述的「利」相一致的「時」。

最後，就新出土資料的張家山漢簡〈蓋廬〉來看一下。1980 年，在中國的湖北省江陵的張家山發現了伴有很多隨葬品的漢代墓。在這座被命名爲張家山第二四七號墓的墓中，隨葬有記載在竹簡上的古代文書，〈蓋廬〉就是其中之一。

〈蓋廬〉共由 55 枚竹簡組成。竹簡的長度約爲 30cm。內容共分爲 9 章。所謂「蓋廬」，是指記在第五十五簡背面的文字，被推測爲是文獻的標題。各章均採取了開始是由蓋廬提問，然後由臣下伍子胥進行回答的統一體裁〔註4〕。

〔註4〕 以下在〈蓋廬〉的釋讀、引用之際，以《張家山漢墓竹簡〔二四七號墓〕》(張

在開頭的第一章中，蓋廬就「有天下」的方法進行詢問，對此伍子胥（原文記載爲「申胥」）是如此回答的。

> 凡有天下，無道則毀，有道則舉。行義則上，廢義則下。

即從「道」「義」者，運氣則會上升，而無視「道」「義」者則會下降的道理。至此似乎在說人爲的努力，這些觀點即使是由《孫子》《吳子》等兵書說出來也似無不妥。

然而〈蓋廬〉的具體內容，則是在說與「天之時」的關係。

> 循天之時，逆之有禍，順之有福。

說吉凶禍福，與是否順應「天之時」有關。這種觀點不僅是只在人事範圍內來思考戰爭，而是認爲超越人智的「天之時」掌握著勝敗。

那麼所謂「天之時」，具體是指什麼呢？據伍子胥的說明，是指春夏秋冬的「四時」，木火土金水的「五行」。是否順從四時和五行的循環法則就決定了勝負。

如此觀念，也適用於空間和時間的關係。伍子胥是這樣回答闔廬的。

（1）左青龍，右白虎可以戰。

（2）太白入月，熒惑入月可以戰。日月並食可以戰。是謂從天四殃，以戰必慶。

（3）彼興之以木，吾擊之以金。

（4）春擊其右，夏擊其裏，秋擊其左，冬擊其表。此謂背生擊死，此四時勝也。

比如，就（1）「青龍」和「白虎」的關係。據陰陽五行，青龍爲東方，白虎爲西方的守護神。如此，伍子胥的（1）的主張，就是以我軍在北側，敵軍在南側爲前提的。因爲從北視南，左手爲青龍，右手爲白虎。如果保持如此位置關係，就會得到四神的庇佑取得勝利。

另外，還說（2）的太白（金星）和月重合，熒惑（火星）和月重合的天體位置關係，以及日和月的「食」等，屬於必勝之時。這大概是從侵食（覆蓋）對方的形式聯想到勝利的原因吧。（3）是，對方如果以「木」來的話，己方則以「金」來應戰。也就是以「金勝木」的五行相克的關係爲前提的。

家山二四七號漢墓竹簡整理小組編，文物出版社，2001 年）爲基礎，參考了邵鴻《張家山漢簡〈蓋廬〉研究》（文物出版社，2007）。

另外從與本稿關係來看，最令人矚目的，是（4）的四時和戰爭的關係。春季攻擊敵陣的右側，夏季襲擊對手的背後，秋季攻擊左側，冬季則從對手的正面進行攻擊。

這些都是典型的「兵陰陽」的兵法〔註5〕。關於兵陰陽的兵法，迄今僅傳承了一些片斷而已，沒有留下完整的兵書。而〈蓋廬〉則完全傳承了其原理和具體的言說。只是，此思想沒有特定軍事的季節。既不是如〈起師〉一般爲「春」季，也沒有如時令說般特定爲「秋」季。而是如四時五行常發生運行轉變一樣，根據不同的季節有各種各樣興軍的方法。

結　語

如此概觀了古代兵書中所論述的興軍的時節，就可以重新理解，主張「春」季爲適合興軍的時節乃是〈起師〉最大的特點了。嚴格地說，嚴冬期和酷暑時節，無論誰來考慮也是不宜興軍的。不過，「春」季於興軍有利的主張，除銀雀山漢墓竹簡〈起師〉外還沒有發現。

另一方面，在《呂氏春秋》和《禮記》等中可見的時令說，是以「秋」爲軍事的季節，可以推測，這是作爲天人相關的一個理念型被傳承下來的。雖然實際上並不只有「秋」是軍事的季節，但時令說這個理念本身，在其後也被繼承了下來。

對此而言，〈起師〉不是從天人相關思想這個理念，而是從現實的「利」的觀點出發，把「春」季作爲了興軍的時節。但是，可推測即使在春季興軍實際上也有被打敗的時候，作爲思想的〈起師〉的限度也正在於此。〈起師〉的主張沒有影響力的一個重要原因，也正在此點吧。

那麼，〈起師〉的這種思想，與《孫子》和《孫臏兵法》的關係該如何理解呢？

首先，就成立時期可以做以下的推測。竹簡在出土的銀雀山漢墓的年代屬漢武帝初期，竹簡的書寫時期可推測爲文帝和景帝時期〔註6〕。因此，此即爲銀雀山漢墓竹簡成立的下限。只是〈起師〉在區分「客」與「主人」來論

〔註5〕　《漢書》藝文志將兵書大致分爲四部，就其中的「兵陰陽」，定義爲「陰陽者，順時而發，推刑德，隨門擊，因五勝，假鬼神，而爲助者也」。

〔註6〕　參考《銀雀山漢墓竹簡〔壹〕》（銀雀山漢墓竹簡整理小組，文物出版社，1985年）。

述興軍之利一點，示意了其屬於先秦期的可能性。這是因為，如此主張只有以戰國諸國的敵對關係為前提才有說服力。

　　另一方面，關於上限雖然沒有直接記載的資料，但還是應該認為是《孫子》以後的著作比較穩妥吧。為什麼呢？是因為「客」「主人」等軍事用語，本來就是以存在著長距離進攻作戰為前提而構建的《孫子》所特有的，在《孫子》以前的戰爭形態中，其存在的理由本來就是很單薄的〔註7〕。

　　因此可能性最高的，是推測其為《孫子》以後的戰國時期成立的兵學著作。只是據《漢書》藝文志，《孫子》有「吳孫子兵法八十二篇」「齊孫子兵法八十九篇」。如果是這樣，〈起師〉是否也有可能是現在流傳的十三篇以外的「吳孫子」，「齊孫子」（即《孫臏兵法》）的一部分呢？的確，這種可能性也不是完全沒有。只是，十三篇《孫子》與《孫臏兵法》中，並沒有把「春」特定為興軍之時的觀點。同一書內，一面說「時」很重要，而一面又把其特定為「春」季是很難理解的。這種觀點是，以重視「時」的《孫子》和《孫臏兵法》為基礎，又獨自發展並使之具體化，如此看法才是當前最妥當的吧。

〔註 7〕 2004 年，在《上海博物館藏戰國楚竹書》第四分冊中公開的〈曹沫之陳〉的內容是，被齊奪去領土後不去努力奪還失地而是沉浸在音樂中的魯莊公（前693～前 662 在位），在曹沫的勸諫下決意與齊一戰，魯莊公就具體的陣法對曹沫一一詢問，曹沫則對其進行回答。作為或許是在《孫子》之前的一部完整的兵書，這還是第一次被發現。據其內容，〈曹沫之陳〉的兵法，是以在中原進行的以戰車為主的戰爭形態為前提的。因為戰爭的目的，是奪回失地，所以戰場限定於國境附近，戰鬥期間較短。並沒有設定深入敵國領土內部進行攻擊，以及為長距離攻擊的部隊補給物資等局面。因此，在這類以春秋時代的戰爭為基本的場面設定的兵書中，「客」「主人」的概念也就沒有登場的必要性了。

第十一章 中國古代兵法的發展

序 言

　　如果〈起師〉是以《孫子》和《孫臏兵法》的觀點爲基礎又展開獨自發展的兵書的話，銀雀山漢墓竹簡「論政論兵之類」中，應該還有其他具有類似性質的文獻吧。在木章中，將就以「將義」篇爲例來探討一下這個問題。

第一節　銀雀山漢墓竹簡〈將義〉釋讀

　　首先，對〈將義〉篇全體進行釋讀，在釋讀之際的凡例，與以上〈起師〉篇時相同。另外，《銀雀山漢墓竹簡〔貳〕》中，此作爲「論政論兵之類」的第十九篇進行了登載 (註1)。

原文：

義將^{一一九四背}

將者不可以不義，【不】義則不嚴，【不嚴】則不威，【不威】則卒弗死。故義者，兵之首也。將者不可以不仁，不仁則軍不尅（克），軍不尅（克）^{一一九四正}則軍无功。故仁者，兵之腹也。將者不可以无德，无德則无力，无力則三軍之利不得。故德者，兵之手^{一一九五}也。將者不可以不信，不信則令不行，令不行則軍不槫，軍不槫則无名。故信者，兵之足也。將者

〔註1〕另外，此〈將義〉篇在銀雀山漢墓竹簡發現後曾一度被編入了《孫臏兵法》，但在 1985 年刊行的《銀雀山漢墓竹簡〔壹〕》中，又被從《孫臏兵法》中刪去，在這次發行的《銀雀山漢墓竹簡〔貳〕》中，被重新編入了「論政論兵之類」之中。

不可以智（知）勝，不智（知）勝^{一一九六}……則軍无□。故夬（決）者，兵之尾也。 ・將義^{一一九七}

文章大意：

為將者必須有義。沒有義就不嚴屬，不嚴屬就不會讓人感到害怕。不感到害怕兵卒就不會（為將去）赴死。因此義為兵之首。

為將者必須有仁。如果沒有仁，軍隊就不能戰勝敵人以恢復和平。軍隊不能恢復和平，軍隊的功績就得不到承認。因此仁為兵之腹。

為將者必須有德，如果沒有德，就沒有力量，沒有力量全軍之利就不可能到手，因此德為兵之手。

為將者必須有信，如果沒有信，命令就得不到執行，命令不行則軍隊就不能專一，軍隊不專一就沒有功名（留不下足跡）。因此信為兵之足。

為將者必須知道勝利的法則。如果不知道勝利的法則，……軍隊就沒有……。因此決斷為兵之尾。・將義

語注：

義將：一一九四簡背面記載的篇題。但是，文末為「將義」，與此語順相反。從內容考慮，作為篇題，「將義」是正確的，而此處可推測為書寫之際反轉過來的。

塼：棺車，本為圓之意，但在此不通。原釋文釋讀為「團」，在此，尊重字形讀作「專」。

不智（知）勝：「智」、「勝」具有各自的重文符號。此為一一九六簡的下端，雖然在以下的一一九七簡從上端開始記有「則軍無」和文字，但原釋文，可能是推測此處有脫簡吧，而加入了「……」的記號。從按照迄今文章的展開來看，有「……故知勝者兵之…也」等有關「知勝」的完整的語句，下來可推測為接續著有關「決」的文脈，可認為還是具有脫簡的可能性。另外，「知勝」之語，見於《孫子》謀攻篇「故知勝有五，知可以與戰不可以與戰者勝，識眾寡之用者勝，上下同欲者勝，以虞待不虞者勝，能而君不禦者勝。此五者，知勝之道也」。

第二節　將軍的資質

〈將義〉的文章構成極為明快。均統一為「將者不可以不○，不○則不

△，不△則不◇，……。故○者，兵之◎也」的文章形式。

　　內容是記述了，有關作為將軍應該擁有的重要資質，在此，列舉了「義」、「仁」、「德」、「信」、「知（勝）」、「決」。而且，各個資質均與身體的部位相關聯進行了論述〔註2〕。

　　那麼這樣的主張，與其他的兵書有何等的關係呢？首先在《孫子》中，眾所周知，計篇中列舉了將軍的五個資質，「將者，智，信，仁，勇，嚴也」。將「智」列在首位的排列方法，《孫臏兵法》也是同樣，其論述如下所示。

　　　　孫子曰，知不足，將兵自恃也。勇不足，將兵自廣也。不知道，數
　　　　戰不足，將兵幸也。（《孫臏兵法》八陣篇）

如上所示，作為將軍的首要條件，列舉了「知（智）」、「勇」、「知道」。在《孫子》列舉的五個條件中，尤其重視的是「智」和「勇」吧。

　　而在《吳子》中，首先如下所示，論述了「義」和「仁」的重要性。

　　　　明主鑒茲，必內修文德，外治武備。故當敵而不進，無逮於義矣。
　　　　僵屍而哀之，無逮於仁矣。（《吳子》圖國篇）

其認為直面敵人而不進攻為不夠「義」，見了敵人的屍體感到哀憐，為不夠「仁」。

　　而且，在此圖國篇中，就「聖人」的「四德」做了以下論述。

　　　　是以聖人綏之以道，理之以義，動之以禮，撫之以仁。此四德者，
　　　　修之則興，廢之則衰。故成湯討桀，而夏民喜悅，周武伐紂，而殷
　　　　人不非。舉順天人。故能然矣。（圖國篇）

也就是說，以「道」、「義」、「禮」、「仁」為四德，修此四德者則會隆盛，廢之者則會衰亡。在此所論述的「四德」的主體是「聖人」，但是可以見到「討」、「伐」的記述，所以也是可以應用作為將軍資質的內容。在《吳子》中，這樣列舉「義」、「仁」之處，與〈將義〉篇相類似。

　　只是，在同一篇《吳子》中的論篇中還有如下的論述。

　　　　吳子曰，夫總文武者軍之將也。兼剛柔者兵之事也。凡人論將，常
　　　　觀於勇，勇之於將，乃數分之一爾。夫勇者輕合。輕合而不知利未
　　　　可也。故將之所慎者五。一曰理，二曰備，三曰果，四曰戒，五曰

〔註2〕作「首」、「腹」、「手」、「足」、「尾」，可以認為是把將軍比作勇猛的動物，將
　　　　將軍的資質比喻為動物的身體部位。其他在廣義上將軍事比喻為動物的還有
　　　　《六韜》（龍韜、虎韜、豹韜、犬韜）等。

約。（論篇）

在《孫子》中，「勇」作爲將軍的資質，被勉強排在了第四位。在《吳子》論將篇中也對其評價不太高。吳子說，人們總是僅從「勇」的觀點來看待將軍，但是勇在將軍的資質中只不過僅占「數分之一」而已。對勇過於自信的將軍一般都把交戰想得太容易。因此，將軍眞正應該謹愼的是，「理」、「備」、「果」、「戒」、「約」等五條。

其中所謂「理」，是指雖然在統帥動員大眾，但仍然和統制少數人一樣整然有序。「備」是一旦出軍就得隨時備敵常做萬全的準備。「果」是臨敵不思生還的果敢。「戒」是即使取得勝利也不忘保持開戰時的警惕狀態。「約」是，軍令簡潔易懂〔註3〕。

而且，在此論篇中還說，如知道軍事的「四機」（四要諦）者更兼有四個資質的話，可評價爲「良」。

> 吳子曰，凡兵有四機。一曰氣機，二曰地機，三曰事機，四曰力機。……
> 知此四者乃可爲將。然其威德仁勇，必足以率下安眾，怖敵決疑。施
> 令而下不犯，所在冠不敢敵。得之國強，去之國亡。是謂良。（論篇）

作爲良所要求的資質，在此，列舉了「威」、「德」、「仁」、「勇」。這些都是統帥下屬使眾人安心，讓敵人感到恐懼，排除疑念，下命令而沒有違犯，敵人也不敢靠近等資質。

如此，在《吳子》中，從幾個不同的角度對將軍的條件和資質進行了論述。與《孫子》相通的一點就是，承認「勇」是資質之一，但並未將其作爲最重要的資質。

在以下的《司馬法》中，做了如下論述。

> 古者以仁爲本，以義治之。之謂正，正不獲意則權。權出於戰，不
> 出於中人。是故殺人安人，殺之可也。攻其國，愛其民，攻之可也。
> 以戰止戰，雖戰可也。故仁見親，義見說，智見恃，勇見身（方），
> 信見信。内得愛焉，所以守也。外得威焉，所以戰也。（《司馬法》
> 仁本篇）

在此，「仁」、「義」被作爲兵道之「正」，承認戰爭的意義爲「權」（臨機應變的措施）。而且說，此時最重要的是，「仁」、「義」、「智」、「勇」、「信」。加入

〔註 3〕 該部分的原文如下所示。「理者治眾如治寡，備者出門如見敵，果者臨敵不懷生，戒者雖克如始戰，約者法令省而不煩」。

「仁」、「義」一點，與《吳子》類似，而且，將「勇」列在第四位可以說是
與《孫子》類似。

與此相同的，是仁本篇中以下的記述。

> 古者逐奔，不過百步，縱綏不過三舍，是以明其禮也。不窮不能而
> 哀憐傷病，是以明其仁也。成列而皷，是以明其信也。爭義不爭利，
> 是以明其義也。又能舍服，是以明其勇也。知終知始，是以明其智
> 也。六德以時合教，以爲民紀之道也。自古之政也。（仁本篇）

這裡，又在前面的五個資質上加了禮，把「禮」、「仁」、「信」、「義」、「勇」、
「智」作爲古代軍事的「六德」。

另外，在嚴位篇中也可見到類似的記述。

> 凡民以仁救，以義戰，以智決，以勇鬥，以信專，以利勸，以功勝。
> 故心中仁，行中義。堪物智也，堪大勇也，堪久信也。（嚴位篇）

這也和上面的記述相同，作爲將軍的資質，列舉了「仁」、「義」、「智」、「勇」、
「信」，並作爲勝利的條件加入了「利」和「功」。此點，未必就與《孫子》
一致，但把將軍的資質，用明確的德日來表現的意識是相通的。

那麼，《尉繚子》又如何呢？在其兵談篇中，有如下論述。

> 將者，上不制於天，下不制於地，中不制於人，寬不可激而怒，清
> 不可事以財。夫心狂，目盲，耳聾，以三悖率人者難矣。（《尉繚子》
> 兵談篇）

也就是說，作爲將軍的資質，列舉了不制於天地人的權威，「寬」大，「清」
廉等。不過，與《孫子》、《吳子》、《尉繚子》的定義相比，稍嫌有欠明確。
在攻權篇中說「故善者，愛與威而已」，與其說是將軍的資質，不如說實在論
述所謂糖果與皮鞭的靈活應用。

接下來，來看一下《六韜》中的將軍的資質。

> 武王問太公曰，論將之道奈何。太公曰，將有五材十過。武王曰，
> 敢問其目。太公曰，所謂五材者，勇智仁信忠也。勇則不可犯。智
> 則不可亂。仁則愛人。信則不欺。忠則無二心。（《六韜》論篇）

以上是在周武王和太公望呂尚的問答中，呂尚來論述「五材」的內容。這裡，
把將的「五材」列舉爲「勇」、「智」、「仁」、「信」、「忠」。並把《孫子》、《吳
子》中沒有放在首位的「勇」列於第一，還加入了「忠」等，是其特色所在。

> 故曰，將不仁，則三軍不親。將不勇，則三軍不銳。將不智，則三

　　軍大疑。將不明，則三軍大傾。將不精微，則三軍失其機。將不常
　　戒，則三軍失其備。將不強力，則三軍失其職。（奇兵篇）
在此，認爲作爲將軍的條件，「仁」、「勇」、「智」、「明」、「精微」「常戒」、「強
力」等是必要的。特別是，把「仁」列在開頭一點，是因爲從「三軍」親和
的觀點來看是最重要的。而且，「勇」置於「智」之前一點，與前面的論將篇
相同。

　　如此概觀了古代兵書後，可見各類兵書是從各種不同的角度就將軍的資
質進行了論述。特別是《孫子》《吳子》《司馬法》，用明確的德目來表現將軍
的資質的意識非常濃厚。其中，銀雀山漢墓竹簡「將義」中所論述的軍隊的
資質，可以說既與《孫子》等其他兵書有一部分類似，又顯示了獨自的內容。
「義」、「仁」、「德」、「信」、「知（勝）」、「決」等內容，特別是將「義」列在
首位的觀點，可以說並非是在抄襲其他文獻，而是〈將義〉獨自的主張。

結　語

　　前一章中，對在《銀雀山漢墓竹簡〔貳〕》中公開的「論政論兵之類」內
〈起師〉一篇的，興軍的理論進行了探討。斷定「春」季對「客」方來說是
興軍有利的季節一點，是〈起師〉最大的特色。可以認爲這樣的觀點，是把
論述「時」的重要性的《孫子》思想等，進一步具體化後的觀點。只是，將
春季特定爲有利的季節的觀點，除了在具有具體性一點上值得評價以外，在
思想的普遍性方面還有所欠缺，在實戰和實際體驗方面也恐會發生齟齬。可
以說，〈起師〉的觀點之所以不見於其他兵書，其後也沒有得到傳承的一個理
由，就在於此。

　　另外，在銀雀山漢墓竹簡的〈將義〉篇中，把將軍的資質列舉爲「義」、
「仁」、「德」、「信」、「知（勝）」、「決」。這也可以說是，在論述「將者，智
信仁勇嚴也」的《孫子》的將軍論上，獨自發展而來的理論。

　　如此，在銀雀山漢墓竹簡「論政論兵之類」之中，包含有一面與《孫子》
《孫臏兵法》保持相同的基調，另外又實現了獨自發展的著作〔註4〕。在古代

〔註 4〕　此外，在「論政論兵之類」中，有「客主人之分」「奇正」等有關重要軍事用
　　　　語的篇章。這些篇章曾被作爲《孫臏兵法》下篇，不過今後還有必要作爲「論
　　　　政論兵之類」的一篇重新進行考察。

中國，除了所謂「武經七書」以外，還存在有各種兵學著作，這些著作相互影響，形成了中國兵學思想史。期待著銀雀山漢墓竹簡「論政論兵之類」諸篇，能重新闡明這種狀況。

附　錄：
日本的中國出土文獻研究現狀及課題

　　2011 年 11 月 26 日～27 日，在台灣大學舉辦了「出土文獻研究方法國際
學術研討會」。在第 2 天的最後一項「綜合討論」中，筆者擔任了討論人，就
日本出土文獻研究的現狀及課題作了報告。本稿，就是基於當時的發言稿而
改編的。

第一節　設立戰國楚簡研究會及其活動

　　以下我將介紹我們研究會於日本之活動狀況，同時述明，日本的中國出
土文獻研究之現況及問題。

　　1998 年 5 月，收入「郭店楚簡」之全貌的《郭店楚墓竹簡》（北京，荊門
市博物館編，文物出版社）付梓刊行。隨著此機會，我們於日本國內組成「郭
店楚簡研究會」，定期舉行研討會，進行各文獻釋讀。

　　然而，在 2001 年 11 月，「上博楚簡」之內容被編爲《上海博物館藏戰國
楚竹書》，開始公開。「郭店楚簡」與「上博楚簡」皆爲戰國時代之「楚簡」，
因其二者具有共通文獻，故我們深感有將其放於視野，進行研究之必要。於
是，我們確定以此二種楚簡爲對象，推進總合性研究，而研究會名稱亦改爲
「戰國楚簡研究會」繼續開展活動。

（圖為拙著封面）

其後大約十年間，「戰國楚簡研究會」於國內外，積極展開研究活動，成員的相關出土文獻著作，已達十冊，其關聯論文遠超過一百篇。《上海博物館藏戰國楚竹書》至 2011 年 11 月時，已發行至第八冊，對其剩下分冊、別冊等之研究，成員們充滿期待。

我們與上海博物館之交流已六年多。在 2011 年 9 月，我們訪問上海博物館，初次獲得親眼看到「上博楚簡」之機會。

第二節　開展「中國出土文獻研究會」活動

圍繞出土文獻研究之環境，於此數年間，發生巨大變化。這便是可與「郭店楚簡」、「上博楚簡」相匹敵的新竹簡之發現。如 2007 年，湖南大學嶽麓書院得到「嶽麓書院秦簡」，2009 年，清華大學到手「清華大學竹簡」，又在同年，北京大學得到「北京大學藏竹簡」。另外，1972 年被發現之「銀雀山漢墓竹簡」，其第一輯發行後，拖宕數時，至 2010 年始發行第二輯。由於如此相繼公開新出土之文獻，中國古代思想史研究便踏入巨大的發展時期。

於是，我們研究會的研究對象也無法僅限於「戰國楚簡」，而被迫總合檢討這些出土文獻。因此，研究會之名稱從「戰國楚簡研究會」改為「中國出土文獻研究會」，擬以更廣泛之視野，研究新出土文獻。

2009 年 9 月，我們訪問清華大學，身為外國研究者，第一次實際見聞「清華簡」。

後又在 2010 年 9 月，訪問北京大學，親覩「北京大學藏竹簡」。

發表我們研究成果的主要刊物稱爲《中國研究集刊》，乃爲我工作之大阪大學學術雜誌。早在 2011 年 6 月，我們便對「清華大學竹簡」編輯了專題。

（圖爲《中國研究集刊》第 53 號封面）

除了清華大學以外，編過「清華簡」之研究專題的，我們該爲首次。

再之，2011 年 9 月，我們訪問浙江大學，聆聽了對於「浙江大學戰國竹簡」之說明。

綜合如上已述，可以說，於日本學術界中，我們研究會對中國出土文獻研究的活動是最積極的。

第三節　日本的中國出土文獻研究上的問題

日本研究中國出土文獻仍存有些問題。第一個問題，便是日本出土文獻之研究者甚少。日本受到少子化之影響，學生人口減少，志願研究中國各學術之學生亦變少，該即爲原因之一。加之，在日本對於出土文獻之研究、教育，進行持續性研究之單位幾乎沒有，這也是一個極大的問題。因此在日本，關於「上博楚簡」、「清華簡」，尚未形成許多研究團體展開爭論之狀況。

第二個問題，是日本之出土文獻研究，主要以我們研究團體，從思想史之角度進行研究。但於文字學、歷史學、文學等領域的研究仍未充分展開。

清華大學竹簡，多包含類似《尚書》、《逸周書》之文獻，因此還須以歷史學的角度進行探討，於「北京大學藏竹簡」亦含有關文學之古逸書。再說，

由於文獻出土連續不斷，文字學、音韻學方面之研究愈發重要，唯以思想史研究，已無法應付如此狀況，尚需要通過各種方面之研究者相互協助，進行總合性探討，然而於日本尚未完備如此的研究環境。

　　無論如何，此後我們研究團體仍將繼續展開積極活動，期望通過如此國際學會，與各位老師密接連繫，虛心學習。敬請各位老師，不吝賜教。

跋

    本書是在拙著《戰國楚簡與秦簡之思想史研究》（2006 年 6 月，台灣、萬卷樓）上梓後，從 2006 年至 2012 年執筆的論考編集而成的一冊論文集。各篇出處如下所示。

第一部分　上博楚簡儒家系統文獻研究

    第一章　上博楚簡〈三德〉的全體構造與文獻性質

        （《戰國楚簡研究 2006》（《中國研究集刊》別冊特集第 41 號），2006 年 12 月）

    第二章　上博楚簡〈三德〉的天人相關思想

        （《戰國楚簡研究 2006》（《中國研究集刊》別冊特集第 41 號），2006 年 12 月）

    第三章　戰國楚簡與儒家思想──「君子」的含義──

        （《中國研究集刊》第 43 號，2007 年 6 月）

    第四章　〈顏淵問於孔子〉與儒家系統文獻形成史

        （「出土文獻研究方法國際學術研討會」會議論文集，台灣大學，2011 年 11 月）

第二部分　上博楚簡楚王故事文獻研究

    第五章　上博楚簡〈莊王既成〉的「預言」

        （《戰國楚簡研究 2007》（《中國研究集刊》別冊特集第 45 號），2007 年 12 月）

    第六章　上博楚簡〈平王與王子木〉──太子之「知」──

        （《戰國楚簡研究 2007》（《中國研究集刊》別冊特集第 45 號），　2007 年 12 月）

第七章　上博楚簡〈平王問鄭壽〉的諫言與預言

（《竹簡が語る古代中國思想（二）》第六章，汲古書院，2008 年 9 月）

第八章　教誡書〈君人者何必安哉〉

（《竹簡が語る古代中國思想（三）》第五章，汲古書院，2010 年 3 月）

第三部分　銀雀山漢墓竹簡研究

第九章　關於銀雀山漢墓竹簡「論政論兵之類」

（《中國研究集刊》第 52 號，2011 年 2 月）

第十章、第十一章　興軍之時—關於銀雀山漢墓竹簡〈起師〉—

（《大阪大學大學院文學研究科紀要》第 52 卷，2012 年 3 月）

附　錄　日本的中國出土文獻研究現狀及課題新稿

如上在較短時間內量產較多論考的理由有三。

第一，新出土文獻的相繼公開。前著《戰國楚簡與秦簡之思想史研究》刊行之際，上博楚簡只公開至《上海博物館藏戰國楚竹書》第四分冊，其後該分冊又陸續刊行，給中國古代思想史研究提供了豐富的素材。本書第一部分所舉文獻，就是以該《上海博物館藏戰國楚竹書》第五分冊至第八分冊所收文獻爲主。而且，在本書的附錄中紹介的清華大學藏戰國楚簡、北京大學竹簡、嶽麓書院秦簡、浙江大學藏戰國楚簡等，在此短短數年間數量眾多的出土文獻提供了大量的新資訊。這些新資料有力地推進了中國古代思想史的研究。

第二，國際學會的召開。由於以上新出土文獻的公開，在中國、台灣，每年都召開國際學會。近年來，筆者應邀出席並就有關新出土文獻發表研究論文的國際學會如下所示。

　・新出楚簡國際學術研討會，武漢大學，2006 年 6 月 26 日～28 日。
　・儒家哲學的典範重構與經典詮釋國際學術研討會，台灣、東吳大學，
　　2007 年 5 月 25 日～26 日。
　・先秦文本與思想國際學術研討會，台灣大學，2010 年 8 月 7 日～8 日。
　・東亞文化交涉學會，華中師範大學，2011 年 5 月 7 日～9 日。
　・出土文獻研究方法國際學術研討會，台灣大學，2011 年 11 月 26 日～
　　27 日。

學會的邀請，大致會在一年到半年前收到最初的問詢並做出可否出席的回答。然後在召開學會的兩三個月前聯絡有關準備發表的題目及概要，一個

月至兩週前提出最終的中文稿件。因此，爲了參加學會進行發表，必須常常準備先銳的研究題目，並不斷執筆論文。只有具備這樣爆發力和持久力的人才得以參加國際學會。可以說學會的參加與研究的成果是成正比的。

第三，是人員的往來。1998 年 5 月，以《郭店楚墓竹簡》（荊門市博物館編，文物出版社）的形式刊行了郭店楚簡的全貌後，筆者組織了「郭店楚簡研究會」，在日本國內定期舉辦研究會對各文獻進行釋讀。郭店楚簡，全部由 730 枚（有字簡）竹簡組成，並以戰國時期的古文字進行記載，所以以個人之力進行研究未免過於困難。

而且在 2001 年 11 月，上博楚簡的內容也開始以《上海博物館藏戰國楚竹書》（上海古籍出版社）的形式進行公開。郭店楚簡與上博楚簡不但均爲戰國時期的「楚簡」，並且兩者還含有共同的文獻，這使我們痛感有必要將此兩者共同納入研究的視野。因此我們決定將這兩個楚簡共同作爲研究對象進行綜合性研究，並且將研究會的名稱也改爲「戰國楚簡研究會」，繼續從事研究活動。

戰國楚簡研究會在日本國內展開積極研究活動的同時，也產生了一個意想不到的結果，這就是我們當初沒有預想到的海外學術交流活動。

我們研究會成員全體被邀請參加國際學會，最初是在 2006 年 6 月武漢大學召開的新出楚簡國際學術研討會。與會期間，我們得以與武漢大學陳偉教授、徐少華教授等相識，以來，與兩位教授一直保持了親密的交流。

2009 年 12 月，我們邀請徐少華教授來大阪大學舉辦特別講演會。並且我們也得到陳偉教授的邀請，於 2011 年 5 月前往武漢大學簡帛中心，筆者與竹田健二教授還得到寶貴的講演機會。

一方面，研究會成員還積極進行海外學術調查。2005 年 8 月 29 日到 9 月 3 日，以中國湖北省的荊門、荊州爲主進行了學術調查，特別是在收藏郭店楚簡的荊門市博物館，得到了郭店楚簡研究中心主任崔仁義教授懇切耐心的說明。

另外，從 2006 年 9 月 2 日至 7 日，在湖南省長沙市以及上海，進行了學術調查。在長沙，就主要的拜訪場所還得到了湖南大學陳松長教授詳盡的指教，同時也得到了在湖南省博物館進行會談的機會。歸途路過上海時，還得以向上海博物館濮茅左教授請教了上博楚簡的有關最新資訊。

其次，在 2008 年 9 月 2 日到 9 月 8 日，在中國山東省進行了學術調查。

特別是在收藏銀雀山漢墓竹簡的山東省博物館，在文物管理部主任王之厚先生的解說下，得以親睹銀雀山漢墓竹簡實物。並且，拜訪了臨沂市銀雀山漢墓竹簡博物館，與館長宋開霞氏、研究室主任楊玲氏進行了會談。

在調查完銀雀山漢墓竹簡後，又相繼進行了一些竹簡的實地調查。2009年9月1日，我們作為首批外國人研究者初次親睹了清華大學藏戰國竹簡，並在同大學內的出土文獻研究與保護中心與李學勤教授等進行了會談。兩天後由北京移至上海，拜訪了復旦大學出土文獻與古文字研究中心，與裘錫圭教授、劉釗教授、施謝捷教授等就出土文獻研究的最新情況交換了意見。

如此，除郭店楚簡、上博楚簡以外，又陸續得到了其他的新出土文獻資料，為了對應這種狀況，我們把研究會的名稱由「戰國楚簡研究會」改為「中國出土文獻研究會」。研究會最初的工作，就是訪問北京大學。我們在接受了北京大學出土文獻研究所所長朱鳳瀚教授、北京大學中國古代史研究中心韓巍講師的說明後，於北京大學賽克勒考古與藝術博物館親見了北京大學竹簡（西漢竹書）。

此後又於 2011 年 9 月，訪問了浙江大學文化遺產研究院，就浙江大學新收藏的浙江大學藏戰國楚簡接受了曹錦炎教授的說明。

如上所述，筆者的研究活動，是在與國內外眾多的研究者的交流中產生的。相信如果沒有這樣的人員往來，研究也一定不會有現在的進展。

另外，本書的刊行，還得到以下各位的直接的協助。首先在各論考的中文翻譯方面，得到了白雨田（大阪大學大學院博士課程修了、四天王寺大學非常勤講師）、刁小龍（中國人民大學專任講師）、恩塚貴子（台灣大學大學院歷史系研究生）等各位的鼎力協助。翻譯的分擔情況如下所示。

第一部分　第一章～第四章……白雨田
第二部分　第五章～第八章……刁小龍
第三部分　第九章～第十一章……白雨田
附　錄……恩塚貴子

這三位除了論考的翻譯外，還在我們進行海外學術調查以及出席國際學會之際，提供了強有力的支援。

另外，積極鼓勵我刊行本書的是，台灣大學中國文學系的周鳳五教授和鄭吉雄教授。兩教授於 2010 年、2011 年連續兩年邀請我出席在台灣大學舉行的國際學會，並給予了我發表論文的機會。特別是在 2011 年 11 月的學會上，

不但發表了研究論文，還在最後一天的綜合討論「出土文獻研究方法：文字、文獻、思想」中擔任了討論人，這也爲我思索出土文獻研究的最新狀況與基本方法論提供了寶貴的機會。

另外，爲本書的出版熱心居中斡旋付出辛勞的，是台灣大學中國文學系主任李隆獻教授。李教授非常理解我意將研究成果以中文刊物進行公開的熱切心願，爽快地爲我介紹了花木蘭文化出版社。

在本書刊行之際，多蒙以上的各位的鼎力協助，在此一併深表謝意。

湯淺邦弘　謹識

著作目錄

【專著】

1. 《論語》（鑑賞中國の古典），與加地伸行、宇佐美一博合撰，角川書店，1987 年 11 月，全 558 頁。

2. 《中國古代軍事思想史の研究》，研文出版，1999 年 10 月，全 384 頁。

3. 《懷德堂事典》，大阪大學出版會，2001 年 12 月，全 272 頁。

4. 《懷德堂文庫の研究》，大阪大學大學院文學研究科共同研究報告書，2003 年 2 月，全 194 頁。

5. 《異文化接觸からみた中國軍事思想史の研究》，平成 12～14 年度科學研究費補助金基盤研究（C）研究成果報告書，課題番號 12610015，2003 年 3 月，全 187 頁。

6. 《よみがえる中國の兵法》，大修館書店，2003 年 6 月，全 237 頁。

7. 《諸子百家〈再發見〉－—掘り起こされる古代中國思想——》，與淺野裕一共同編著，岩波書店，2004 年 8 月，全 254 頁。

8. 《懷德堂文庫の研究 2005》，大阪大學大學院文學研究科共同研究報告書，2005 年 2 月，カラー口絵 4，本文全 134 頁。

9. 《懷德堂アーカイブ 懷德堂の歷史を讀む》，與竹田健二共同編著，大阪大學出版會，2005 年 3 月，全 60 頁。

10. 《戰國楚簡與秦簡之思想史研究》，萬卷樓，出土文獻譯注研析叢書 P024，2006 年 6 月，全 276 頁。

11. 《懷德堂の印章》，編著，大阪大學大學院文學研究科，2007 年 3 月，全 64 頁。

12. 《上博楚簡研究》，編著，汲古書院，2007 年 5 月，全 488 頁。

13. 《戰いの神——中國古代兵學の展開——》，研文出版，2007 年 10 月，全 336 頁。

14. 《懷德堂研究》，編著，汲古書院，2007 年 11 月，全 448 頁。

15. 《墨の道 印の宇宙──懷德堂の美と學問──》，大阪大學出版會・阪大リーブル，2008 年 12 月，全 168 頁。

16. 《孫子・三十六計》，角川ソフィア文庫ビギナーズ・クラシックス中國の古典，2008 年 12 月，全 271 頁。

17. 《江戶時代の親孝行》，編著，大阪大學出版會・阪大リーブル、，2009 年 2 月，全 225 頁。

18. 《諸子百家》，中央公論新社・中公新書，2009 年 3 月，全 312 頁。

19. 《孫子の兵法入門》，角川學芸出版・角川選書，2010 年 2 月，全 230 頁。

20. 《菜根譚》，中央公論新社・中公新書，2010 年 2 月，全 320 頁。

21. 《中國古典に探す座右の銘》，角川 SSC 新書，2010 年 5 月，全 190 頁。

22. 《故事成語の誕生と変容》，角川學芸出版・角川叢書，2010 年 9 月，全 203 頁。

23. 《概説中國思想史》，編著、ミネルヴァ書房，2010 年 10 月，全 406 頁。

24. 《論語》，中央公論新社・中公新書，2012 年 3 月，全 304 頁。

【譯著】

1. 《中國の夢判斷》（原著爲《夢的迷信与夢的探索》（劉文英著，中國・社會科學出版社，1989 年，全 359 頁），東方書店，1997 年 4 月，全 357 頁。

【學術論文】

1. 〈秦律の理念〉，《中國研究集刊》天號，1984 年 6 月，頁 1～21。

2. 〈秦の法と法思想──雲夢秦簡を中心として──〉，《日本中國學會報》第 36 集，1984 年 10 月，頁 25～39。

3. 〈『尉繚子』の富國強兵思想〉，《東方學》第 69 輯，1985 年 1 月，頁 30～43。

4. 〈塩鉄論争に見る管子と董仲舒の思想〉，《日本中國學會報》第 39 集，1987 年 10 月，頁 56～69。

5. 〈馬王堆帛書『明君』の思想史的意義〉，《中國研究集刊》宙號，1988 年 6 月，頁 1～14。

6. 〈中國古代の夢と占夢序論〉，北海道教育大學語學文學會編，《語學文學》，1988 年 3 月，頁 35～44。

7. 〈中國古代の夢と占夢〉，《島根大學教育學部紀要》第 22 卷第 2 號，1988 年 12 月，頁 77～105。

8. 〈「称」の思想──馬王堆漢墓帛書『称』に於ける天道と統治原理──〉，

《島根大學教育學部紀要》第 23 卷第 2 號，1989 年 12 月，頁 45～64。

9. 〈孔子の夢と朱子學の夢論〉，《島根大學教育學部紀要》第 24 卷第 1 號，1990 年 7 月，頁 15～29。

10. 〈孔子と夢と天命と――『論語』甚矣吾衰章解釈と儒家の夢観――〉，《日本中國學會報》第 42 集，1990 年 10 月，頁 17～31。

11. 〈『司馬法』に於ける支配原理の峻別〉，《島根大學教育學部紀要》第 24 卷第 2 號，1990 年 12 月，頁 45～64。

12. 〈銀雀山漢墓竹簡古逸兵書の研究――「王兵」篇の考察――〉，《古代文化》第 43 卷第 12 號，1991 年 12 月，頁 13～21。

13. 〈『呂氏春秋』の義兵説――『墨子』『司馬法』との対比――〉，《島根大學教育學部紀要》第 25 卷，1991 年 12 月，頁 61～75。

14. 〈『呂氏春秋』の軍事思想――兵陰陽家著作説をめぐって――〉，《呂氏春秋研究》第 5 號，1992 年 4 月，頁 13～21。

15. 〈軍神の変容――中國古代に於ける戰爭論の展開と蚩尤像――（一）〉，島根大學教育學部紀要》第 26 卷，1992 年 12 月，頁 115～131。

16. 〈軍神の変容――中國古代に於ける戰爭論の展開と蚩尤像――（二）〉，島根大學教育學部紀要》第 27 卷，1993 年 12 月，頁 1～24。

17. 〈銀雀山漢墓竹簡『守法守令等十一篇』の思想史的意義〉，《中國研究集刊》辰號，1993 年 9 月，頁 91～114。

18. 〈類書と成語――「杞憂」の成立をめぐって――〉，島根大學教育學部附屬教育實踐研究指導センター紀要》第 3 號，1993 年 3 月，頁 23～47。

19. 〈類書と成語（二）――「沈魚落雁」の成立をめぐって――〉，島根大學教育學部國文學會編，《國語教育論叢》第 4 號，1994 年 2 月，頁 82～94。

20. 〈中國古代に於ける戰爭論の展開――『呂氏春秋』『大戴禮記』の蚩尤観をめぐって――〉，平成 5 年度文部省科學研究費補助金一般研究 B 研究成果報告書（研究代表者：間瀬収芳，課題名：『史記』『漢書』の再検討と古代社會の地域的研究），1994 年 3 月，頁 141～161。。

21. 〈類書と成語（三）――類書の変容と「出藍」の成立〉，《島根大學教育學部紀要》第 28 卷，1994 年 12 月，頁 71～95。

22. 〈秦帝國の吏観念――雲夢秦簡「語書」「爲吏之道」の思想史的意義――〉，日本中國學會報》第 47 集，1995 年 10 月，頁 1～16。

23. 〈夢の書の行方――敦煌本『新集周公解夢書』の研究――〉，《待兼山論叢》第 29 號哲學篇，1995 年 12 月，頁 1～15。

24. 〈類書の成立〉，文部省科學研究費補助金總合研究 A 報告書《類書の總合的研究》，1996 年 3 月，頁 145～162。

25. 〈類書と成語（四）——二つの「朝三暮四」——〉，島根大學教育學部國文學會編，《國語教育論叢》第 6 號，1997 年 3 月，頁 155～171。

26. 〈馬王堆帛書『十六経』の蚩尤像〉，《東方宗教》第 89 號，1997 年 5 月，頁 40～54。

27. 〈出土資料と老莊思想研究〉，加地伸行編，《老莊思想を學ぶ人のために》第 2 部（5），世界思想社，1997 年 11 月，頁 55～74。

28. 〈中國古代の戰爭と平和〉，岩波書店・岩波講座《世界歷史》第 25 卷，1997 年 12 月，頁 151～168。

29. 〈『李衛公問対』の兵學思想〉，《大阪大學文學部紀要》第 39 卷，1999 年 3 月，頁 1～45。

30. 〈『太白陰経』の兵學思想〉，《大阪大學大學院文學研究科紀要》第 40 卷，2000 年 3 月，頁 1～40。

31. 〈『天樂樓書籍遺蔵目錄』について——懷德堂資料のデジタルアーカイブ化に向けて——〉，寺門日出男、神林裕子、井上了合撰，《懷德》第 69 號，2001 年 1 月，頁 91～107。

32. 〈中國古代兵學の「自然」〉，里見軍之編，《自然のなかの人間》，2001 年 2 月，頁 23～33。

33. 〈『虎鈐経』の兵學思想〉，《大阪大學大學院文學研究科紀要》第 41 卷，2001 年 3 月，頁 1～26。

34. 〈懷德堂文庫所蔵《論孟首章講義》について——デジタルコンテンツとしての位置づけ——〉，杉山一也、竹田健二、藤居岳人、井上了合撰，《中國研究集刊》第 27 號，2000 年 12 月，頁 45～66。

35. 〈懷德堂學派の《論語》注釈——泰伯篇曾子有疾章について——〉，寺門日出男、神林裕子、石飛憲合撰，《中國研究集刊》第 29 號，2001 年 12 月，頁 103～130。

36. 〈「忠臣」の思想——郭店楚簡『魯穆公問子思』について——〉，大久保隆郎教授退官記念論集《漢意とは何か》，東方書店，2001 年 12 月，頁 45～65。

37. 〈懷德堂データベースの構築——全體構造と今後の課題——〉，《懷德》第 70 號，2002 年 3 月，頁 36～41。

38. 〈懷德堂データベース全コンテンツ〉，《大阪大學大學院文學研究科紀要》第 42 卷，全 320 頁，2002 年 3 月。

39. 〈孔子の見た夢——懷德堂學派の『論語』注釈——〉，荒木浩編，《〈心〉と〈外部〉—表現・伝承・信仰と明惠『夢記』—》，大阪大學大學院文學研究科広域文化表現論講座共同研究研究成果報告書，2002 年 3 月，頁 137～158。

40. 〈郭店楚簡『六德』について──全体構造と著作意図──〉,《中國出土資料研究》第 6 號,2002 年 3 月,頁 39～53。

41. 〈懷德堂文庫デジタルコンテンツの展開──古典籍資料の電子情報化について──〉(全國漢文教育學會《新しい漢字漢文教育》第 35 號,2002 年 12 月,頁 67～76。

42. 〈郭店楚簡『魯穆公問子思』釈文,平成 12～15 年科學研究費補助金基盤研究(B)(1)研究成果報告書「戰國楚系文字資料の研究」(研究代表者竹田健二),課題番號 12410004,2004 年 3 月,頁 243～349。

43. 〈上博楚簡《從政》の竹簡連接と分節について〉,《中國研究集刊》騰號(第 36 號),2004 年 12 月,頁 113～131。

44. 〈上博楚簡『從政』と儒家の「從政」〉,《中國研究集刊》騰號(第 36 號),2004 年 12 月,頁 132～153。

45. 〈奈良 大阪 墨の道──古梅園藏懷德堂墨型について──〉,《懷德》第 73 號,2005 年 1 月,頁 6～14。

46. 〈ロシア軍艦ディアナ號と懷德堂──並河寒泉の「攘夷」──〉,《國語教育論叢》第 14 號,2005 年 3 月,頁 151～163。

47. 〈《從政》の竹簡連接と分節(淺野裕一編,《竹簡が語る古代中國思想──上博楚簡研究──》,汲古書院・汲古選書,2005 年 4 月,頁 53～81。

48. 〈《從政》と儒家の「從政」(淺野裕一編,《竹簡が語る古代中國思想──上博楚簡研究──》,汲古書院・汲古選書,2005 年 4 月,頁 83～115。

49. 〈上博楚簡《彭祖》における「長生」の思想〉,《中國研究集刊》致號(第 37 號),2005 年 6 月,頁 20～36。

50. 〈懷德堂の祭祀空間──中國古禮の受容と展開──〉,《大阪大學大學院文學研究科紀要》第 46 卷,2006 年 3 月,頁 1～36。

51. 〈懷德堂の小宇宙──懷德堂印の研究──〉,《中國學の十字路──加地伸行博士古稀記念論集》,2006 年 4 月,頁 688～701。

52. 〈父母の合葬──上博楚簡《昭王毀室》について──〉,《東方宗教》第 107 號,2006 年 5 月,頁 1～18。

53. 〈語り継がれる先王の故事──上博楚簡『昭王與龔之脽』の文獻的性格──〉,《中國研究集刊》第 40 號,2006 年 6 月,頁 35～49。

54. 〈上博楚簡『三德』の全體構造と文獻的性格〉,《戰國楚簡研究 2006》(《中國研究集刊》別冊特集第 41 號),2006 年 12 月,頁 76～99。

55. 〈上博楚簡『三德』の天人相關思想〉,《戰國楚簡研究 2006》(《中國研究集刊》別冊特集第 41 號),2006 年 12 月,頁 100～117。

56. 〈中井竹山の印章〉,《懷德堂センター報 2007》,2007 年 2 月,頁 1～15。

57. 〈戰國楚簡と儒家思想——「君子」の意味——〉,《中國研究集刊》第 43 號,2007 年 6 月,頁 1～17。

58. 〈中國新出土文獻における「死」の思想〉,江川温編《死者の葬送と記念に關する比較文明史》,平成 16～18 年度科研報告書、基盤研究(A)課題番號 16202012,2007 年 6 月,頁 145～159。

59 同上・英文版(The Ideology of Death in Newly Excavated Documents in China)。

60. 〈上博楚簡『莊王既成』の「予言」〉,《戰國楚簡研究 2007》(《中國研究集刊》別冊特集第 45 號,2007 年 12 月,頁 44～56。

61. 〈太子の「知」—上博楚簡『平王與王子木』—〉,《戰國楚簡研究 2007》(《中國研究集刊》別冊特集第 45 號),2007 年 12 月,頁 57～65。

62. 〈中井履軒の印章〉,《懷德堂センター報 2008》,2008 年 2 月,頁 1～15。

63. 〈上博楚簡『平王問鄭壽』における諫言と予言〉,淺野裕一編《竹簡が語る古代中國思想(二)—上博楚簡研究—》第六章,汲古書院・汲古選書,2008 年 9 月,頁 145～166。

64. 〈戰國楚簡と儒家思想——「君子」の意味——〉,淺野裕一編《竹簡が語る古代中國思想(二)——上博楚簡研究—》第六章,汲古書院・汲古選書,2008 年 9 月,頁 167～192。

65. 〈蘇る懷德堂四書——「儒藏」編纂事業について——〉,《懷德堂センター報 2009》,2009 年 2 月,頁 3～7。

66. 〈中井履軒『大學雜議』の思想史的位置〉,《大阪大學大學院文學研究科紀要》第 46 卷,2009 年 3 月,頁 1～38。

67. 〈清華大學竹簡と先秦思想史研究〉,《中國研究集刊》第 50 號,2010 年 1 月,頁 280～288。

68. 〈懷德堂研究の可能性—韓國の書院と祖先祭祀儀禮から考える—〉,《懷德堂研究》第 1 號,2010 年 2 月,頁 3～13。

69. 〈教戒書としての『君人者何必安哉』〉,淺野裕一編《竹簡が語る古代中國思想(三)——上博楚簡研究——》第五章,汲古書院・汲古選書,2010 年 3 月,頁 185～202。

70. 〈銀雀山漢墓竹簡「論政論兵之類」について〉,《中國研究集刊》,第 52 號,2011 年 2 月,頁 23～41。

71. 〈太姒の夢と文王の訓戒—清華簡「程寤」考—〉,《中國研究集刊》第 53 號,2011 年 6 月,頁 183～198。

72. 〈幕末大坂の知的拠点—懷德堂・適塾・泊園書院—〉,《泊園記念會創立五十周年記念論文集》,2011 年 10 月,頁 121～142。

73. 〈懷德堂と白鹿洞書院〉,《懷德堂研究》第 3 號,2012 年 2 月,頁 17～25。

74. 〈興軍の時——銀雀山漢墓竹簡「起師」について——〉,《大阪大學大學院文學研究科紀要》第 52 卷,2012 年 3 月,頁 1～31。

【書評、目錄、研究史】

1. 〈雲夢秦簡研究資料目錄〉,《中國研究集刊》天號,1984 年 6 月,頁 22～37。

2. 〈漢代思想（儒教國教化と『塩鉄論』）研究史〉,《中國研究集刊》地號,1984 年 6 月,頁 35～38。

3. 〈書評『夢的迷信與夢的探索』〉（劉文英著,中國・社會科學出版社,1989 年,頁 359）,東方書店《東方》第 117 號,頁 28～30,1990 年 12 月。

4. 〈中國軍事思想史研究の現狀と課題〉,《中國研究集刊》第 23 號,1998 年 12 月,頁 45～65。

5. 〈書評　工藤元男著《睡虎地秦簡よりみた秦代の國家と社會》〉,《中國出土資料研究》第 3 號,1999 年 3 月,頁 95～102。

6. 〈戰國楚簡と中國古代思想史研究〉,《中國史學》第 16 卷「思想文化史特集」,2006 年 10 月,頁 123～141。

7. 〈書評『近世阿波漢學史の研究　古學者高橋赤水』〉（有馬卓也著）,《德島新聞》2007 年 6 月 19 日文化欄。

【其他】

1. 〈兵家の思想と活動〉,《しにか》1999 年 2 月號,大修館書店,1999 年 1 月,頁 21～26。

2. 〈焚書坑儒とは何か〉,《しにか》2000 年 2 月號,大修館書店,2000 年 1 月,頁 40～45。

3. 〈甦る兵家の活動〉,《しにか》2000 年 9 月號,大修館書店,2000 年 8 月,頁 21～27。

4. 〈懷德堂と電子図書館〉,《大阪大學図書館報》136 號,2000 年 6 月,頁 1～4。

5. 〈韓非子　世界制覇のための方策〉,《世界の文學》102 號,朝日新聞社,2001 年 6 月,頁 58～59。

6. 〈懷德堂文庫の總合移転〉,《大阪大學図書館報》140 號,2001 年 9 月,頁 6～8。

7. 〈「孝」が道德の根源とされるのはなぜか〉,《しにか》2002 年 5 月號,大修館書店,2002 年 5 月,頁 24～28。

8. 〈二人の孫子——中國兵法の誕生——〉,《中國人物列伝》,恒星出版,2002 年 10 月,頁 71～92。

9. 〈インタ―ネットで學ぶ懷德堂〉，《懷德》第 71 號，2003 年 1 月，頁 94〜96。

10. 〈戰國楚簡研究の現在〉，戰國楚簡研究會合撰，《新出土資料と中國思想史》（《中國研究集刊》別冊特集號），2003 年 6 月，頁 1〜81。

11. 〈「千字文」周行の道――『中國研究集刊』の蘆北賞受賞について――〉，《中國研究集刊》陽號（第 34 號），2003 年 12 月，頁 139〜145。

12. 〈総合學術博物館設立記念展レポート（懷德堂關係）〉，《大阪大學総合學術博物館年報 2002》，2003 年 12 月，頁 81〜84。

13. 〈電子懷德堂考の製作〉，《懷德》第 72 號，2004 年 1 月，頁 88〜90。

14. 〈懷德堂に見るアーカイブの展開〉，《Network》29 號，全國歷史資料保存利用機關協議會近畿部會會報，2004 年 2 月，頁 6〜7。

15. 〈展示室を飛び出した「懷德堂」――大阪大學懷德堂センターの活動――〉，《懷德堂センター報》2004，2004 年 2 月，頁 33〜48。

16. 〈懷德堂アーカイブから大阪大學アーカイブへ〉，《大阪大學図書館報》37 卷 4 號，2004 年 3 月，頁 4〜6。

17. 〈「WEB 懷德堂」主要コンテンツ紹介〉，平成 13〜15 年科學研究費補助金基盤研究（A）（2）研究成果報告書「デジタルコンテンツとしての懷德堂研究」（研究代表者：下條眞司），課題番號 13309011，2004 年 3 月，頁 7〜9。

18. 〈懷德堂文庫貴重資料解題〉，平成 13〜15 年科學研究費補助金基盤研究（A）（2）研究成果報告書「デジタルコンテンツとしての懷德堂研究」（研究代表者：下條眞司），課題番號 13309011，2004 年 3 月，頁 10〜87。

19. 〈人文學における共同研究と情報發信〉，《日本中國學會便り》2004 年第 1 號，2004 年 4 月 20 日，頁 4〜5。

20. 〈戰國楚簡研究關係ＨＰ紹介〉，《中國研究集刊》騰號（第 36 號），2004 年 12 月，頁 94〜104。

21. 〈出土竹簡の語る世界――特集號「戰國楚簡と中國思想史研究」の刊行――〉，《中國研究集刊》騰號（第 36 號），2004 年 12 月，頁 1〜2。

22. 〈體驗懷德堂 CD-ROM の製作と懷德堂モニターの取り組み〉，《懷德堂センター報 2005》，2005 年 2 月，頁 1〜6。

23. 〈文化庁アーカイブ事業の概要――成果と課題――〉，平成 16 年度（2004）文化庁委託全國の博物館・美術館等における收藏作品デジタル・アーカイブ化に關する調查・研究事業《調查研究報告書》，大阪大學大學院文學研究科懷德堂センター，2004 年 6 月，頁 2〜6。

24. 〈「上博楚簡」解題――『上海博物館藏戰國楚竹書』（三）（四）所收文

獻──〉，戰國楚簡研究會合撰，《中國研究集刊》別冊（第 38 號），2005
年 12 月，頁 1～43。

25. 〈中國湖北省荊門・荊州學術調查報告〉，戰國楚簡研究會合撰，《中國研
究集刊》別冊（第 38 號），2005 年 12 月，頁 44～64。

26. 〈懷德堂文庫へのいざない〉，《大阪大學図書館報》39 卷 3 號，2006 年
1 月，頁 3～4。

27. 〈よみがえる重建懷德堂──復元模型の製作について──〉，《懷德堂セ
ンター報 2006》，2006 年 2 月，頁 5～14。

28. 〈新出土文獻と孟子の思想〉，中公クラシックス《孟子》，中央公論新社，
2006 年 4 月，頁 1～25。

29. 〈漢籍善本紹介──大阪大學懷德堂文庫（1）──〉，《新しい漢字漢文
教育》第 42 號，2006 年 5 月，頁 105～107。

30. 〈漢籍善本紹介──大阪大學懷德堂文庫（2）──〉，《新しい漢字漢文
教育》第 43 號，2006 年 11 月，頁 86～87。

31. 〈大阪ブランド／懷德堂精神を現代に生かせ〉，《読売新聞》2006 年 11
月 16 日朝刊。

32. 〈「新出楚簡國際學術研討會」參加記〉，戰國楚簡研究會，《戰國楚簡研
究 2006》（《中國研究集刊》別冊特集第 41 號），2006 年 12 月，頁 200
～238。

33. 〈湖南省長沙學術調查報告〉，戰國楚簡研究會，《戰國楚簡研究 2006》（《中
國研究集刊》別冊特集第 41 號），2006 年 12 月，頁 239～268。

34. 〈懷德堂文庫貴重資料の修復について〉，《懷德堂センター報 2007》，2007
年 2 月，頁 119～127。

35. 〈漢籍善本紹介──大阪大學懷德堂文庫（3）──〉，《新しい漢字漢文
教育》第 44 號，2007 年 6 月，頁 86～87。

36. 〈漢籍善本紹介──大阪大學懷德堂文庫（4）──〉，《新しい漢字漢文
教育》第 44 號，2007 年 11 月，頁 102～103。

37. 〈読み直す中國古代思想〉，中央公論新社・中公クラシックス・コメン
タリティ《諸子百家爭鳴》，2007 年 12 月，頁 283～295。

38. 〈中國西安・上海學術調查報告〉，戰國楚簡研究會，《戰國楚簡研究 2007》
（《中國研究集刊》別冊特集第 45 號），2007 年 12 月，頁 144～167。

39. 〈書院としての懷德堂〉，《東アジア文化交渉學》別冊 2「東アジアに
おける書院研究」，關西大學文化交涉學教育研究拠點 ICIS，2008 年 6
月，頁 105～119。

40. 〈よみがえる兵典──『孫子』解説──〉，中央公論新社・中公クラシ
ックス《孫子》，2011 年 7 月，頁 1～25。